밥 프록터

부의 시크릿

밥 프록터 BOB PROCTOR

세계적 베스트셀러 《시크릿》을 통해 끌어당김의 법칙을 실제로 검증해낸 전설적인 자기계발 구루다. 1934년 캐나다 온타리오주에서 태어났다. 앤드루 카네기에게 깊은 영향을 받은 나폴레온 힐의 《생각하라 그리고 부자가 되어라》를 26살에 읽고 인생이 송두리째 바뀌는 강렬한 변화를 경험했다. 이후 얼 나이팅게일, 월리스 와틀스와 같은 동기부여 대가의 뒤를 따라 성공 철학을 배우고 연구했으며 이 거인들의 위대한 가르침을 한 단계 발전시켜 글을 쓰고 강연했다.

전 세계 수많은 사람들에게 밥 프록터라는 이름은 성공과 동의어다. 40년 넘게 독보적인 강연가, 작가, 컨설턴트, 사업가로 활동했으며 전 세계 각계각층의 사람들을 대상으로 생각의 힘과 긍정적 사고, 동기부여, 잠재력 등을 가르쳐왔다. 그의 통찰력, 영감, 아이디어, 시스템, 전략은 많은 이들에게 깨달음과 부를 가져다주었다.

2022년 2월 세상을 떠나기 전까지 세계 여러 단체와 개인의 멘토로서 일했다. 성공과 성취 동기에 대한 정신적 지원뿐 아니라, 실제 삶에서 변화하고 성장하고 개선하고 번영할 수 있는 구체적인 전략을 제공했던 그의 가르침은 프록터 갤러거 인스티튜트를 통해 계승되고 있다.

지은 책으로 《밥 프록터 부의 시크릿》 외에 《밥 프록터의 위대한 발견》 《밥 프록터 부의 확신》 《밥 프록터 생각의 시크릿》 《밥 프록터의 위대한 확언》 등이 있다.

12 POWER PRINCIPLES FOR SUCCESS

Original English language edition published by G&D Media.
Copyright © 2021 by Bob Proctor.
Original English Language title "12 POWER PRINCIPLES FOR SUCCESS".
Korean-language edition Copyright © 2023 by Bookie Publishing House. All rights reserved.
Copyright licensed by Waterside production, Inc., arranged with the Danny Hong Agency.

BOB
PROCTOR

밥 프록터
부의 시크릿

12
POWER PRINCIPLES
for SUCCESS

옮긴이 **최은아**

상명대학교 경제학과를 졸업한 후 교육 회사에서 인사 관리 및 교육 프로그램 개발을 담당했다. 글밥아카데미를 수료한 후 바른번역 소속 번역가로 활동 중이다. 옮긴 책으로 《생각이 바뀌는 순간》《인생이 바뀌는 하루 3줄 감사의 기적》《더 원페이지 프로젝트》《어른초년생의 마인드 트레이닝》《공정한 리더》《슈퍼 석세스》《퍼스널 스토리텔링》《부자 습관 가난한 습관》《10배의 법칙》《나폴레온 힐 부자의 철학》등이 있다.

밥 프록터 부의 시크릿

2023년 6월 5일 초판 1쇄 발행 | 2023년 6월 29일 초판 2쇄 발행

지은이 밥 프록터
옮긴이 최은아
발행인 박윤우
편집 김송은 김유진 성한경 장미숙
마케팅 박서연 이건희 이영섭 정미진
디자인 서혜진 이세연
저작권 백은영 유은지
경영지원 이지영 주진호

발행처 부키(주)
출판신고 2012년 9월 27일
주소 서울 서대문구 신촌로3길 15 산성빌딩 5~6층
전화 02-325-0846
팩스 02-3141-4066
이메일 webmaster@bookie.co.kr
ISBN 978-89-6051-986-2 03190

※ 잘못된 책은 구입하신 서점에서 바꿔 드립니다.

만든 사람들
편집 성한경 | 디자인 서혜진

기억하라.
당신은 이미 성공을 선물 받았다.

밥 프록터와 이 책에 대한 찬사

밥 프록터는 성공을 이루기 위해 가장 중요한 건 좋은 자아상을 갖는 것이라고 했다. 그는 사람들에게 내면을 들여다보라고 말한다. 내면에 자리 잡은 자아가 사실상 인생의 모든 것을 결정하기 때문이다. 그의 말에 따르면 우리는 우주의 법칙을 깨달음으로써 성장하고 인생의 완성에 이를 수 있다.

◆《더선The Sun》

작가이자 강연가로 새롭게 일을 시작했을 때 밥 프록터를 만난 것은 행운이었다. 그의 지혜와 가르침 덕분에 100만 달러 수준의 연봉을 받던 마케터 시절보다 더 많은 수입을 벌어들일 수 있었다.

◆ 신시아 커지Cynthia Kersey,《멋지게 한판승》저자

자기계발의 구루 밥 프록터는 '긍정적인 의식이 현실을 만든다'라는 끌어당김의 법칙과 유사한 과학적 법칙을 반세기 가까이 설파했다. 특히 부를 축적하는 방법에서는 재정적인 측면보다는 성취의 중요성을 일깨우고자 했다.

◆《토론토스타Toronto Star》

밥 프록터는 나폴레온 힐의 유산을 계승한 인물이다.

◆ 브라이언 트레이시Brian Tracy, 《백만불짜리 습관》 저자

밥 프록터보다 생각의 힘을 더 완벽하게 이해하는 사람은 없다. 그는 잠재의식을 성공의 결과물로 구체화할 수 있는 유일한 사람이다.

◆ 래리 킹Larry King, 앵커, 《대화의 신》 저자

밥 프록터는 인간의 마음에 대한 깊이 있는 이해와 지식을 지녔다. 그의 말에 귀 기울여라. 당신의 인생에 큰 변화를 만들 준비가 되었다면 프록터가 그 방법을 알려줄 것이다!

◆ 제이 에이브러햄Jay Abraham, 《포춘》 500 컨설턴트

우리 삶의 가장 복잡한 개념들을 가장 단순한 방식으로 설명하는 능력을 가진 사람이 있다. 그 사람은 당신이 생각한 것을 실제 결과물로 만드는 법을 알려준다. 그의 이름은 바로 밥 프록터다.

◆ 빅 코넌트Vic Conant, 나이팅게일-코넌트 코퍼레이션 대표

이 책에서 밥 프록터는 세상에서 가장 부유하고 가장 행복한 사람들의 세계로 독자들을 초대한다. 그는 우리가 성공의 열쇠를 가지고 태어났으며 최고의 삶을 살기 위해서는 그것을 깨닫기만 하면 된다는 점을 확신시킨다. 웅대하고 영감 넘치는 통찰이 가득 펼쳐진다.

◆ 《커커스리뷰Kirkus Reviews》

· ·

절대적인 게임 체인저. 밥 프록터는 결정이나 태도 같은 기술로 풍요를 부르는 방법의 전체 패러다임을 완전히 바꿔놓는다. 이 책에 담긴 놀라운 지혜를 만나보라.

◆ 크라이스트팔로어ChristFollower, 아마존 독자

· ·

읽고 따라 하기 정말 쉽다. 한번 잡으면 내려놓기 힘든 기막힌 동기부여 책이다.

◆ 앤서니Anthony, 아마존 독자

강력한 지혜로 가득한 고진동 책이다. 이 책을 산 것에 감사한다. 이 책은 높은 에너지 주파수에서 공명한다. 이 책을 읽을 때마다 당신은 깨달음과 이해의 사다리가 점점 높아질 것이다. 탁월한 책이다.

◆ 대니 스카이페더Danny Skyfeather, 《사랑에 사로잡힌 백만장자 마인드가 가슴으로 전하는 명령》 저자, 아마존 독자

....

인간 행동을 지배하는 끌어당김의 법칙과 여러 강력한 법칙의 전문가인 밥 프록터가 성공의 가장 일반적인 원칙들을 멋지게 엮어냈다. 모든 성취의 토대를 알려주는 눈부신 기본서다.

◆ 굴 세라Gul Sara, 굿리즈 독자

....

푹 빠져서 즐겁게 탐독했다. 유익한 조언과 정보로 가득한 이 책에서 밥 프록터는 완전히 다른 관점으로 세상을 보게 해준다. 난 밥 프록터의 공식 팬이 되었다.

◆ 케네스 밀턴 주니어KENNETH E MILTON JR., 굿리즈 독자

차례

소통

가슴과 가슴으로 소통하라

CHAPTER 01

성공

성공은 당신의 본성이다

성공은 당신 것이다

◇◇◇◇◇

내일 아침이 밝았다고 상상해보자. 당신은 이제 막
잠에서 깨었다. 침대 발치에 금박지로 아름답게 포장
된 선물 상자가 놓여 있다. 상자에는 당신 이름이 적
혀 있다. 당신은 벌떡 일어나 상자를 집어 포장을 뜯
는다. 그 안에는 성공이, 앞으로 인생에서 펼쳐질 성
공이 들어 있다. 어떤 친절한 인도자가 당신이 잠든
사이에 이 선물을 주고 갔다. 성공은 당신 것이다. 이
제 당신은 성공했다.

　당신이 받은 선물은 어떻게 생겼는가? 무슨 색
깔인가? 크기는 얼마만 한가? 누군가를 만나면 이 선

당신이 성공을 선물 받은 것은
환상이 아니라 진실이다.

물을 어떻게 설명할 것인가? 성공이란 선물을 받으니 기분이 어떤가? 남은 인생에서 성공한다는 것을 알고 나니 흥분되는가?

이쯤에서 당신은 내가 만화책 쓰고 있다고, 엉뚱한 상상이나 하고 있다고 웃고 넘길 가능성이 크다. 하지만 친구여, 이건 환상이 아니다. 당신이 앞으로 인생에서 펼쳐질 성공을 선물 받은 것은 진실이다. 당신은 이제 성공했다.

당신은 이런 진실을 모를 수 있다. 이 놀라운 진리를 인식하지 못할 수 있다. 이 진리를 알지 못한다면 당신은 성공을 누리지도, 사랑하는 사람과 성공을 나누지도 못한다. 하지만 당신은 이미 성공을 선물 받았다.

이런 식으로 생각해보자. 먼저 당신의 온 정신을 이 책의 페이지에, 당신이 읽고 있는 단어에 집중해 보라. 그런 다음 고개를 돌려 눈에 들어오는 사물로 주의를 옮겨보라. 책에 쏟던 주의를 한순간에 다른 사물로 옮기는 게 정말 쉽지 않은가? 맞다. 전혀 노력이 들지 않는다. 이와 똑같은 노력의 양으로 당신은 실패에서 성공으로, 결핍과 한계의 감정에서 삶의 모든 영역에서 느끼는 풍요로움으로 이동할 수 있다.

성공은 당신이 선택하는 방향이다. 당신이 돈이 얼마나 있든, 몇 살이든, 어디에 있든, 누구든, 과거에 무슨 일을 했든, 현재 무슨 일을 하든 상관없다. 성공은 당신이 가기로 선택하는 삶의 방향이다. 그렇다. 성공은 당신의 선택이다.

꿈을 이루겠다고 결정하라, 그게 전부다

◇◇◇◇◇

잠시 상상력을 발휘해 이런 상황을 가정해보자. 어떤 사람이 파산 신청을 하고 이혼 소송을 밟는다. 목발을 짚고 다니며 오늘 밤 잘 곳도 먹을 것도 없다. 하지만 이 사람은 성공했다.

어쩌면 당신은 이런 상황에 놓인 사람은 당연히 성공과 거리가 멀다고 생각하는 낡은 사고방식에 길들여져 있을지 모른다. 문제는 대부분 바로 여기서 시작된다. 사람들은 자신이 보고 듣는 것에 따라 행동한다. 아주 당연하다. 우리는 태어나면서부터 그렇게 하도록 배웠다. 하지만 그렇게 길들여진 생각 때문에 당신은 매번 온전한 사고력을 발휘하지 못한다.

눈앞의 물리적인 결과에만 초점을 맞추면 똑같은 결과만 얻게 된다. 위에서 예로 든 가상의 인물은 온갖 부정적인 일을 겪고 있었다. 하지만 이 사람은 성공이 외부 요인과 전혀 관련 없으며 성공은 자신이 선택하는 삶의 방향이라는 대담한 진실, 이 명쾌하고 아름다운 진실을 한순간에 깨달을 수 있었다. 바로 그 순간 그는 자신이 무엇을 원하는지 결정을 내리고 과거에서 벗어나 꿈을 향한 길로 가겠다는 중대한 결정을 내렸다. 그렇다. 기적의 순간이었다. 그렇게 그는 성공했다.

성공은 결정함으로써 이루어진다. 동기부여가 얼 나이팅게일Earl Nightingale은 생전에 어느 성공한 사업가의 이야기를 자주 했다. 이 사업가는 언제 성공했느냐는 질문을 받자 이렇게 대답했다.

어느 공원 벤치에서 자고 있을 때 성공했습니다. 그때 나는 내가 어디로 가고 있는지 알았고, 목적지에

성공은 공간이 아니다

도달하리라는 것도 알았기 때문이죠.

성공이 이렇게 간단하다면 어째서 성공하는 사람이 별로 없을까? 결정만 하면 성공할 수 있다는 진실을 대부분이 모르기 때문이다. 그리고 자신이 모른다는 것조차 모른다. 그러니 성공을 누리는 사람이 드물다.

당신 뒤뜰에 금괴가 수천 톤이나 묻혀 있는데 당신이 모른다면 그게 무슨 소용이 있을까? 누구나 겪을 수 있는 유일한 진짜 문제는 바로 이 무지, 알지 못함이다.

진정한 성공을 거두는 사람은 소수에 불과하고 나머지 다수의 사람은 성공하려고 평생 필사적으로 노력하며 살아간다. 이처럼 평범한 사람은 성공은 이루기 어렵다는 압도적인 증거에 속아 넘어가고 만다. 그래서 운이 좋거나 아주 똑똑한 사람만 성공한다고, 성공은 남의 이야기라고 믿으며 살아간다.

절대다수의 사람이 하루하루 먹고살기 위해 너무 분주하게 살아간다. 그래서 탁월한 성공을 거둔 사람을 깊이 조사하거나 연구할 시간이 전혀 없다.

유일한 진짜 문제는
바로 무지,
알지 못함이다.

하지만 이런 연구를 해본 사람이라면 한결같이 한 가지 충격적인 결론에 이른다. 성공은 단지 결정이라는 진실이다.

성공하고 싶은가? 그렇다면 당신이 원하는 바를 결정하고 그것을 향해 전진하기 시작하라. 지금 결정하라. 지금 있는 그 자리에서 결정하고, 당신에게 있는 자원이 무엇이든 그것을 활용해 시작하라. 그게 다다. 따지지 마라.

가장 완벽한 성공의 정의

◇◇◇◇◇

수 세기 동안 사람들은 성공이라는 개념에 매료되었다. 성공은 모든 언어에서 가장 자주 분석되고 논의되어온 말 중 하나일 것이다. 하지만 성공이 무엇인지 이해하는 사람은 전체 인구 중 극소수에 불과하다.

성공이라는 단어를 연구하는 데 나만큼 많은 시간을 투자한 사람은 거의 없다. 나는 33년 동안 날마다 성공을 분석했다. 그 기간에 많은 실패를 경험했지만 짜릿한 성공도 무수히 거두었다. 전 세계 여러 대륙을 돌아다니며 이런 경험을 즐겼다. 성공과 실패는 예상치 못한 곳에서 일어났고 돈도 수백만 달러씩 관련되어 있었다. 그리고 성공과 실패 모두 개인적으로 배움을 안겨준 놀라운 경험이었다.

내가 성공을 이해한다는 주장을 뒷받침할 수 있는 성공의 정의가 있다. 이것이야말로 가장 정확하고 멋진 성공의 정의라고 나는 확고히 결론 내렸다.

성공은 가치 있는 이상의 점진적 실현이다.

여러 해 전 내 고용주이자 동료였던 얼 나이팅게일이 내게 해준 말이다. 이 정의를 나만큼 생각해보고 검토해본다면 당신 역시 얼마나 완벽한 정의인지 깨달을 것이다. 얼 나이팅게일은 이 정의를 찾아내기 위해 7년 반을 투자했다. 그리고 마침내 성공을 정의 내렸다. 그는 이 정의를 한 글자도 바꾸지 않고 40년 후 이 세상을 떠났다.

당신은 원하는 건
뭐든 가질 자격이 있다

◇◇◇◇◇

"성공은 가치 있는 이상의 점진적 실현이다." 간단하게 들리지 않는가? 확실히 간단해 보인다. 하지만 인생의 많은 것들이 그렇듯 이 정의도 그리 간단하거나 쉽지 않다. 그래서 생각이 필요하다. 이 정의의 단어들을 하나씩 분석해봐야 성공이 무엇인지 온전히 이해할 수 있다.

"점진적"이라는 단어를 살펴보자. 이 말은 하루이틀 온 열정을 쏟아부으며 열심히 하다가 누군가 나타나 태엽을 다시 감아줄 때까지 일주일간 게으름을 부린다는 의미가 아니다. 내 사전 속 이 단어의 정의 한 가지는 "중대성과 강도가 갈수록 커짐"이다. 얼 나이팅게일이 말한 표현은 이 의미였을 것이다.

"실현"은 가치 있는 이상의 구체화가 더욱 분명해진다는 의미로, 자신이 성공을 선물 받은 존재라는 인식awareness이 갈수록 더 높아짐을 가리킨다.

그다음으로 생각해볼 "가치 있는 이상"은 더 흥

미진진하다. 먼저 "이상"을 생각해보자. 빅토리아 여왕 시대의 위대한 작가 제임스 앨런James Allen은 이상 ideal을 가리켜 우리를 매혹하는 아이디어idea라고 했다. 우리의 지적 자아와 감정적 자아, 신체적 자아를 사로잡는 아이디어라는 뜻이다. 나는 그의 정의가 마음에 든다.

"가치 있는"이란 말은 대부분의 사람들에게 걸림돌로 작용한다. 이 부분을 오해하면 사람들은 높은 곳으로 도약하지 못한 채 산기슭에 머물고, 목적 없이 방황하며, 자신이 목표로 한 산 정상에 결코 오르지 못하고, 자주 좌절하며, 쉽게 분노하고, 자신과 자신의 성과에 비참한 실망감을 수시로 느낀다.

마치 어린 소년이 아빠에게 이렇게 말하는 것과 같다. "좋아, 아빠. 우린 큰 집이랑 차 2대짜리 차고, 자동차들, 보트, 호수 옆 공간까지 생겼어. 다음엔 뭐야?" 사람들은 대부분 자신이 갖기를 원하는 좋은 것을 가치 있다고 여기는 쪽으로 자아상self-image을 강화하려고 애쓴다.

그런데 이 점을 고려해보자. 당신은 지구상에서 가장 탁월한 창조물이다. 당신은 자신이 원하는 좋은

것은 무엇이든 가질 자격이 있다. 그러므로 당신은
더 근본적인 차원에서 이렇게 물어야 한다.

**내 아이디어는 가치가 있는가? 이 아이디어에 주의와
관심을 기울일 가치가 있는가? 이 아이디어를 위해
내 삶을 기꺼이 바쳐야 하는가? 이 아이디어에 사랑
을 쏟을 가치가 있는가?**

이 관점에서 얼 나이팅게일의 정의를 생각하면
모든 것이 달라진다. 이제 당신이 진정으로 원하는
것이 무엇인지가 매우 중요해진다. 하지만 안타깝게
도 자신이 정말로 원하는 것이 무엇인지 인식하는 사
람은 100명 중 한두 사람에 불과하다. 생각해보라.
100명 중 겨우 2명 정도만 성공의 기회를 잡는다.

절대다수의 사람들은 진정으로 원하는 것이 의
식으로 떠오를 때마다 그것을 밀어낸다. 자신의 진정
한 소원을 자아상이 받아들이지 않는 것이다. 그것을
다른 사람들에게 말하면 웃음거리가 될까봐 두려워한
다. 그래서 정말로 원하는 것이 의식에 떠오르자마자
그것을 얻지 못할 이유를 생각하기 시작한다.

사고가 잘못된 방향으로 프로그래밍되어 있고, 주변에 부정적인 사람들뿐이고, 적절한 정보와 지원을 얻지 못하기 때문에 대부분의 사람들은 산기슭에서 길을 잃고 헤맨다. 그들은 결코 산 정상에서 보이는 전망을 즐기지 못한다. 여러 목표들과 관련된 정보가 홍수처럼 쏟아지고, 그런 목표들을 달성해야만 승리한다는 생각에 압도된 나머지 진정한 목표를 세우는 사람은 소수에 지나지 않는다.

그런데 흔히 우리가 말하는 목표는 대개 자동차나 돈, 건물 같은 것이다. 물론 다 좋은 것들이다. 우리는 그런 물질들을 소유하고 누려야 마땅하다. 그래서 아마 우리는 그런 것들을 '목표'라고 부를 것이다. 하지만 그런 것들이 가치 있는 이상을 담고 있는 경우는 거의 없다. 자동차나 돈 등은 가치 있는 이상을 대신하는 것에 불과하다.

우리가 크게 힘들이지 않고 여러 대의 자동차를 소유할 수 있는 존재임을 알면 차를 사야겠다는 아이디어에 사로잡힐까? 나는 집을 500채나 산 사람을 알고 있다. 그러나 그 집들이 가치 있는 이상이 되기는 어려울 것이다. 그것들은 그냥 사물들의 집합체일 따름이다. 오해하지 마라. 나도 멋진 자동차와 근사한 집을 좋아한다. 하지만 그것들과 내 인생을 바꿀 생각은 추호도 없다.

성공한 사람은
원대하고 강력한 이상을 꿈꾼다

◇◇◇◇◇

이쯤에서 "그럼 프록터 당신은 대체 뭘 원하는 거야?" 하는 의문이 들 것이다. 내가 무엇을 원하는지 말해보겠다.

나는 전 세계인을 대상으로 삶의 질을 개선하는 글로벌 조직을 만들고 싶다. 그래서 공통된 목표를 추구하는 비슷한 사고방식을 지닌 사람들과 함께 인류에게 도움이 되는 제품과 서비스를 생산하고 싶다. 생산성을 고취하는 번영하는 환경에서 일하고 살면서 가족과 회사와 공동체, 궁극적으로 국가에 이바지하는 더 나은 서비스를 제공하고 싶다. 이것이 내가 진정으로 원하는 것이다. 나는 이 일을 점진적으로 실현하고 있다. 내가 이 일을 해낼 수 있음을 전혀 의심하지 않는다. 나는 이 일을 '하고 있으며' 이 행성에서 살아가는 날 동안 계속할 것이다.

나의 가치 있는 이상이 이토록 원대하고 강력하기에 전 세계 각지에서 훌륭한 사람들이 내게로 모여들었다. 그들은 "이게 바로 내가 원하는 이상입니다. 우리 함께 합시다"라고 말한다. 이런 종류의 소원이 당신에게 가치 있는 이상이다. 이런 이상을 점진적으로 실현할 때 당신은 틀림없이 성공한다.

내가 꿈을 좇느라 끌어당긴 끔찍한 일들을 말해 당신의 한 주를 망쳐버리고 싶지는 않다. 하지만 꿈을 좇는 과정에서 전혀 망설이지 않았다는 말은 하고 싶다. 성공한 사람은 절대 망설이지 않는다. 내게 일어난 모든 사건은 나를 강하게 해주었다. 비가 온 뒤 땅이 더 굳어지듯이 말이다. 태풍은 약한 구조를 무너뜨리고 죽은 나뭇가지를 몽땅 쓸어 가버린다. 인생 또한 그렇다.

다른 사람들이 당신을 실망시키거나 배신해도 낙담하지 마라. 계속 전진하라. 자연은 진공을 싫어한다. 계속 전진하다보면 더욱 강력한 형태의 도움을

31

당신에게 유일한 한계는
당신 스스로 만든 한계다.

얻게 된다. 자연이 당신을 도울 자리를 만들고 있다.

당신이란 존재와 당신의 진정한 본성, 그리고 성공이라는 개념을 자세하게 검토해보자. 당신 존재의 핵심은 영적인 면이다. 신의 본질이 당신의 핵심을 이루고 있다. 당신은 영적인 존재다. 거기에 지능을 갖추고 육체를 지닌 채 살아간다. 이제 나와 함께 여기 있으라. 영spirit은 언제나 확장하고 온전히 표현한다. 영은 절대 사라지지 않는다.

신 또는 영은 질서 있게, 완벽하게 움직인다. 우리는 이 완벽한 움직임을 '법칙', 흔히 '우주 법칙'이라고 부른다. 영은 당신을 통해 자신을 드러낸다. 당신은 신의 도구다. 당신이 신 또는 영과 조화를 이루며 일할 때 무한한 공급원과 함께 일하는 것이다. 당신은 신의 도구이므로 당신에게 유일한 한계는 당신 스스로 만든 한계다. 당신은 무한한 본성을 타고났기에 진실로 당신의 능력에는 한계가 없다.

우리 인류는 말이나 마차보다 자동차를 타고 여행하는 호사스러운 이미지를 떠올리거나 소원을 품었고 마침내 자동차를 만들었다. 하늘을 여행하는 이미지를 떠올리거나 소원을 품었을 때는 비행기를 만들어냈다. 인류는 공중을 날아 다른 나라를 넘나들었고, 새들보다 더 높이 날아올랐다.

팩스나 전화기, TV도 그렇게 만들어졌다. 평범한 사람들이 간절히 원하면, 빙고! 이루어진다. 당신이 진정으로 원하는 것은 무엇인가? 원하는 것을 인식하라. 그것을 인정하라. 나무 꼭대기에 올라가 큰 소리로 외쳐라. "이게 내가 정말로 원하는 거야!"

탁월해지는 것은 우리의 본성이다

◇◇◇◇

나의 소원은 진짜다. 실제로 이루어지고 있다. 나는 《밥 프록터의 위대한 발견You Were Born Rich》에 내 사상의 토대가 되는 자유 철학을 담았다. 이 책은 현재 영어뿐 아니라 중국어, 프랑스어, 포르투갈어로 번역되었고 북아메리카에서부터 아시아와 남아메리카까지 전 세계에서 읽을 수 있다.

당신의 핵심인 영은 당신의 의식을 계속 두드리

고 있다. 가만히 귀 기울여 들어보라. 당신이 정말로 원하는 것은 무엇인가? 누구나 크고 원대한 것을 원한다. 그것을 부정하거나 거부하지 마라. 원하는 것을 잡아라. 그것을 종이에 적어라. 원하는 것이 어떻게 이루어질지 알 필요는 없다. 하지만 원하는 것이 '반드시' 이루어진다는 것만은 꼭 알아야 한다.

신은 당신을 창조하면서 당신을 위한 원대한 구상을 세워두었다. 그래서 당신에게는 엄청난 잠재력이 주어졌다. 오늘날 아무리 탁월한 과학자라 해도 당신의 능력이 어디까지인지 짐작조차 못 한다.

신이 당신을 위해 원대한 구상을 세워두었다면 '당신도' 당신을 위해 원대한 구상을 세우는 것이 합당하지 않은가? 당신이 진정으로 원하는 것은 무엇인가? 위대한 그림이 계속해서 마음속에 불쑥불쑥 떠오르지 않는가? 누구나 무슨 일에서든 탁월해지기를 원한다. 이것이 우리의 본성이다. 이 진리를 알아야 한다.

당신이 어떤 일을 할 수 없다면 그 일을 해내는 자신의 모습을 머릿속에 떠올릴 수조차 없을 것이다. 스텔라 맨Stella Mann은 이렇게 말했다.

당신이 머릿속으로 그것을 잡을 수 있다면 실제 손으로도 잡을 수 있다.

당신은 무엇을 원하는가? 그것이 환상에 지나지 않는다고 생각하며 포기하겠는가? 하지만 기차, 비행기, 자동차, 팩스가 그렇게 시작되었다. 환상의 나래를 펼쳐라. 더없이 행복한 이미지들을 떠올려라. 그런 다음 한 이미지를 정신에 고정시켜라. 그리고 이렇게 말하라. "바로 이거야. 이게 내가 원하는 거야. 이 일은 가치 있어. 난 매일 아침 설레는 마음으로 눈을 뜨겠지. 내 삶을 이 일에 바칠 거야. 그래, 정말로 그렇게 할 거야."

친구나 친척, 이웃이 당신을 비웃는다면 그들을 멀리하라. 그들 때문에 좌절하지 마라. 친구인 척하지만 변덕스럽게 굴거나 당신에게 한심하다고 말하는 사람도 있을 것이다. 그들을 멀리하라. 그들은 당신에게서 꿈을 앗아갈 것이다.

당신은 더 나아질 필요 없다. 당신은 이미 훌륭하다. 신은 불량품을 만들지 않았다.

원하는 것을 점진적으로 실현하면 자신의 무한

당신은 이미 훌륭하다.
신은 불량품을 만들지 않았다.

한 본성에 대한 인식 또한 갈수록 커진다. 당신의 힘과 매력이 하나로 모여 강력해질 것이다. 당신의 소원은 원대하고 훌륭해야 하며 당신은 그것을 간절히 원해야 한다. 혹시 다른 누군가의 소원을 당신의 소원으로 착각하는가? 아니면 주변 사람들이 당신의 소원을 부추기는가? 다 필요 없다. 중요한 건 '당신이' 원하느냐다. 성공한 삶을 진정으로 원한다면 점진적으로 가치 있는 이상을 실현하고 있어야 한다. 이것이 성공이다. 그리고 성공하려면 생각과 행동이 완전히 변해야 한다.

저항을 이겨내야
비로소 위대해진다

◇◇◇◇◇

이 변화 과정에서 당신은 저항에 부딪힐 것이다. 하지만 이 책에서 제안한 대로 원대하고 강력한 소원을 선택해야 한다. 이런 소원을 나는 '당신의 인생 소원'이라고 부르겠다. 저항이 아무리 거세도 적절히 대비하면 물리칠 수 있음을 이해하라. 당신은 승리할 것이다. 원대한 아이디어를 추구할수록, 노력의 크기가 클수록 당신이 부딪히는 저항의 강도가 더 커짐을 기억하라.

선지자들은 인정과 보상을 받기에 앞서 박해를 받았다. 하지만 상관없었다. 그들은 무슨 일이 벌어지고 있는지 알고 있었기 때문이다. 그들은 사람들이 뭔가를 이해하지 못하면 그것을 조롱하고 비난하는 경향이 있다는 것을 알았다.

윌리엄 펜 패트릭William Penn Patrick은 말했다.

사람이든 이상이든 제도든 모진 저항을 견디고 나서야 비로소 위대해진다.

이를 이해하기 전에는 위대함을 이룰 수 없다.

불행히도 평범한 사람은 이러한 성취의 법칙을 모른다. 미스터 애버리지Mr. Average와 미즈 애버리지Ms. Average는 약간의 저항도 두려워하고 피하려 한다. 성취의 법칙을 모르기 때문이다. 그들은 파문을 일으키거나 비난받는 걸 원하지 않는다. 비난을 장애물로 여겨 행복을 이루는 데 방해가 된다고 잘못 생각한다. 하지만 진실은 정반대다.

생각해보자. 우리가 달라지겠다고 마음먹으면 사랑하는 사람들이 먼저 반대한다. 그들은 변화를 두려워한다. 변화는 미지의 상황에 직면하는 것을 의미하기 때문이다. 우리가 신속하게 변해가거나 하루빨리 달라지기 위해 전념하기 시작하면 친구나 가족은 장애물을 가로놓는다. 그들은 부정적인 말과 행동으로 우리의 변화에 저항하기 시작한다. 우리가 현재 상황을 그대로 유지하도록 만들기 위해 갖은 방법을 동원한다.

위대한 도약을 이루려면 가장 가까운 사람의 저항부터 물리쳐야 한다. 당연히 어려운 일이다. 용기도 필요하다. 사랑하는 사람들에게 기쁨을 주고 싶지 상처를 주고 싶은 사람은 없을 테니까. 하지만 그들이 입게 될 진짜 상처는 당신이 원하는 일을 하지 못하고 되고자 하는 사람이 되지 못해 당신의 진정한 모습으로 살아가지 못하는 것이다. 진정한 자아를 찾지 못하면 삶의 열정을 잃기 때문이다. 그러면 성장 과정이 멈추고 자존감이 낮아진다.

주변의 부정적인 반응은 당신이 물러서지만 않으면 달라진다. 당신이 저항을 이겨내면 사랑하는 사람들은 당신을 새롭게 보고 더욱 존중한다. 이를 증명하는 역사적인 사건들이 수없이 많다. 엄청난 저항에 부딪히는 건 행운이다. 저항이 있다는 건 우리가 하는 일이 위대하다는 증거다. 저항은 우리에게 그것을 이기고 정복하고 지배할 힘을 준다.

그렇게 몇 년간 저항을 이겨내면 눈부신 역사가 기록되고 우리의 삶의 방식이 뿌리내릴 영원한 자리가 생길 것이다. 우리 자신을 위해, 아이들을 위해, 온 인류를 위해 위대한 세상을 만들겠다는 우리의 꿈을 이루어나갈 자유, 원하는 모습이 될 자유를 얻게 될 것이다.

우리가 어떤 싸움을 치르고 있는지 이해하라. 그리고 당신이 역사를 만드는 일에 한몫하고 있음을 기뻐하라. 오늘 당신이 한 노력이 미래에 수백만 명의 사람들에게 새로운 자유와 희망을 준다. 반대자들에게 당당히 맞서라. 당신의 결정과 전념은 두려움으로 가득한 반대자의 마음을 사로잡아 저항을 흔적도 없이 없애버릴 것이다. 이것이 삶의 법칙이다.

41

저항은 당신이 하는 일이
위대하다는 증거다.

이제 당신은 무엇을 해야 하는지 이해했다. 성공과 끈기는 닭과 달걀에 비할 수 있다. 둘 중 하나가 없으면 다른 하나가 존재할 수 없다. 당신에게 가치 있는 소원을 찾아라. 그런 소원이 없다면 온갖 저항을 물리치며 끈기 있게 노력할 수 없다. 그러면 당연히 성공할 수도 없다. 나는 안다. 당신이 성공을 원한다는 것을.

침대 발치로 돌아가 상상 속 선물 상자를 열어보라. 그리고 결정하라. 신이 준 선물을 받아들여라. 앞으로 인생의 성공은 당신 것이다.

와서 우리 함께 산을 오르자. 당신과 함께하는 것이 우리는 즐겁다. 기억하라. 성공은 가치 있는 이상의 점진적 실현이다.

1. 당신은 이미 성공을 선물 받았다. 이 진리를 알지 못한다면 당신은 성공을 누리지도, 사랑하는 사람과 성공을 나누지도 못한다.

2. 당신이 돈이 얼마나 있든, 몇 살이든, 어디에 있든, 누구든, 과거에 무슨 일을 했든, 현재 무슨 일을 하든 상관없다. 성공은 당신이 가기로 선택하는 삶의 방향이다.

3. 성공은 결정함으로써 이루어진다.

4. 성공이 이렇게 간단하다면 어째서 성공하는 사람이 별로 없을까? 결정만 하면 성공할 수 있다는 진실을 대부분이 모르기 때문이다. 그리고 이 진리를 자신이 모른다는 것조차 모른다. 유일한 진짜 문제는 바로 이 무지, 알지 못함이다.

5. 성공하고 싶은가? 그렇다면 당신이 원하는 바를 결정하고 그것을 향해 전진하기 시작하라. 지금 결정하라. 지금 있는 그 자리에서 결정하고, 당신에게 있는 자원이 무엇이든 그것을 활용해 시작하라. 그게 다다.

6. 얼 나이팅게일은 성공의 가장 완벽한 정의를 내렸다. "성공은 가치 있는 이상의 점진적 실현이다."

7. 당신은 지구상에서 가장 탁월한 창조물이다. 당신은 자신이

원하는 좋은 것은 무엇이든 가질 자격이 있다.

8. 안타깝게도 자신이 진정으로 원하는 것이 무엇인지 인식하는 사람은 100명 중 한두 사람에 불과하다. 절대다수의 사람들은 진정으로 원하는 것이 의식으로 떠오를 때마다 그것을 밀어낸다.

9. 흔히 우리가 말하는 목표는 대개 자동차나 돈, 건물 같은 것뿐이다. 하지만 그런 것들이 가치 있는 이상을 담고 있는 경우는 거의 없다. 자동차나 돈 등은 가치 있는 이상을 대신하는 것에 불과하다.

10. 원대하고 강력한 이상이 당신에게 가치 있는 이상이다. 이런 이상을 점진적으로 실현할 때 당신은 틀림없이 성공한다.

11. 성공한 사람은 절대 망설이지 않는다. 다른 사람이 당신을 실망시키거나 배신해도 낙담하지 마라. 계속 전진하라.

12. 당신은 신의 도구이므로 당신에게 유일한 한계는 당신 스스로 만든 한계다. 당신은 무한한 본성을 타고났기에 당신의 능력에는 한계가 없다.

13. 간절하게 원하면, 빙고! 이루어진다. 나무 꼭대기에 올라가 큰 소리로 외쳐라. "이게 내가 정말로 원하는 거야."

14. 원하는 것을 잡아라. 그것을 종이 위에 적어라. 원하는 일이 어떻게 이루어질지 알 필요는 없다. 하지만 그 일이 '반드시' 이루어진다는 것만은 꼭 알아야 한다.

15. 당신은 더 나아질 필요 없다. 당신은 이미 훌륭하다. 신은 불량품을 만들지 않았다.

16. 원대한 아이디어를 추구할수록, 노력의 크기가 클수록 당신이 부딪히는 저항의 강도가 더 커짐을 기억하라.

17. 주변의 부정적인 반응은 당신이 물러서지만 않으면 달라진다. 당신이 저항을 이겨내면 사랑하는 사람들은 당신을 새롭게 보고 더욱 존중한다. 엄청난 저항에 부딪히는 건 행운이다. 저항이 있다는 건 우리가 하는 일이 위대하다는 증거다. 저항은 우리에게 그것을 이기고 정복하고 지배할 힘을 준다.

18. 나는 안다. 당신이 성공을 원한다는 것을.

19. 신이 준 선물을 받아들여라. 앞으로 인생의 성공은 당신 것이다.

CHAPTER 02

결정

무한한 능력을 사용하겠다고 결정하라

1 2
POWER PRINCIPLES
for SUCCESS

결정은 마법이다

◇◇◇◇◇

당신이 맞닥뜨린 엄청난 문제들을 0.001초 만에 해결할 수 있는 단 하나의 정신 작용이 있다. 이것은 거의 모든 개인 문제나 사업상 어려움을 개선할 잠재력을 지녔다. 그리고 당신을 믿을 수 없을 만큼 눈부신 성공의 길로 인도할 수 있다. 이 마법 같은 정신 활동을 일컫는 이름이 있다. 바로 '결정decision'이다.

세상에서 가장 성공한 사람들에게는 한 가지 공통점이 있다. 그들은 결정을 내린다. 결정을 내리는 사람은 최정상에 오르고, 결정을 내리지 않는 사람은 아무것도 이루지 못한다. 결정하느냐 않으냐가 커리어를 창출하느냐 망치느냐를 좌우한다.

다른 사람의 의견에 휘둘리지 않고 결정을 내리는 데 능숙한 사람은 연간 소득이 수백만, 수천만 달러에 이른다. 이 필수 정신 활동을 개발하기 위해 정신력을 강화하지 않는 사람들은 커리어 내내 쥐꼬리만 한 수입에 허덕일 수밖에 없다. 이런 사람들의 인생은 답답하고 지루하기 짝이 없다.

결정은 당신의 수입에만 영향을 미치는 게 아니다. 결정은 당신의 삶 전체를 지배한다. 몸과 마음의 건강, 가족의 행복, 사회생활, 인간관계 등 이 모두가 당신이 올바른 결정을 내릴 능력이 있느냐에 달려 있다. 결정이 이처럼 어마어마한 영향력을 미친다면 모든 학교에서 가르쳐야 하지 않을까? 하지만 실상은 그렇지 않다. 거의 모든 정규 교육 기관의 커리큘럼에는 결정 관련 수업이 포함되어 있지 않다. 설상가상으로 기업계조차 직원 훈련이나 인재 육성 프로그램에서 결정과 관련된 내용을 다루지 않는다.

이쯤에서 "그럼 결정력은 어떻게 개발할 수 있을까?" 하는 질문이 생길 수 있다. 내가 답을 알려주겠다. 당신은 이 능력을 스스로 길러야 한다. 하지만

내가 여기서 알려주는 정보를 잘 생각해보고 소화해
낸다면 당신은 이미 결정력 기르기를 시작한 셈이다.
이 장을 통해 당신은 결정의 중요성을 더욱 인식하게
될 것이다.

당신이 책장에 꽂아두고 싶어할 만한 훌륭한 책
이 있다. 이 책에는 아주 강력한 정보들이 담겨 있다.
하비 케이Harvey Kaye의 《결정력Decisions Power》이라는
책이다. 부제는 '확신을 가지고 결정을 내리는 법How
to Make Decisions with Confidence'이다. 확신을 가지고 결
정을 내리는 것, 이것이 결정을 내리는 유일한 방법
이다. 일단 결정을 내리고 나면 자신이 옳은 일을 하
고 있는지는 고민하지 마라.

현명한 결정을 하는 법을 배우기는 어렵지 않다.
적절한 정보를 활용해 특정한 훈련을 하면 매우 능숙
하고 효과적인 의사결정자가 될 수 있다. 그리고 이
런 사람이 되면 큰 보상을 받는다.

결정하기는 통달할 수 있는 정신 훈련이다. 사고
하기나 상상하기, 집중하기 같은 다른 많은 정신 훈
련과 비슷하다. 이런 능력을 하나하나 개발하면 엄청
난 보상을 얻는다. 이런 정신 근육을 강화하기로 결

결정은
당신의 수입만이 아니라
삶 전체를 지배한다.

정한 사람은 흔히 매력적이고 행복하고 마법과 같은 삶을 보상으로 받는다. 결정하기에 능숙해지면 삶에서 갈등과 혼돈을 사실상 제거해버릴 수 있다.

결정은 마음에 질서를 가져다준다. 그리고 당연히 이 질서는 객관적인 현실, 즉 결과로 나타난다. 제임스 앨런은 "우리는 은밀하게 생각하지만 이 생각은 겉으로 드러난다. 환경은 우리를 비추는 거울이기 때문이다"라고 썼는데 아마 결정을 염두에 두고 한 말일 것이다. 누구도 당신의 결정을 볼 수는 없다. 하지만 결정의 결과는 거의 모든 사람이 본다.

우유부단의 원인:
양가감정과 낮은 자존감

◇◇◇◇◇

결정력을 개발하지 못하는 사람은 파탄을 맞는다. 우유부단함은 내적 갈등을 유발하고, 그래서 정신과 감정이 아무런 예고도 없이 격렬한 전쟁에 휩쓸릴 수 있기 때문이다. 정신과 의사는 이러한 내적 전쟁을

'양가감정ambivalence'이라고 부른다. 《옥스퍼드 사전》
에서는 양가감정을 동일한 대상에 대해 상반된 감정
이 공존하는 것이라고 정의한다.

마을에서 가장 똑똑한 사람이나 정신과 박사가
아니라도 마음이 한동안 양가감정에 빠져 있으면 삶
에 어려움이 생기리라는 건 누구나 이해할 수 있다.
양가감정에서 벗어나지 못하는 사람은 실의에 빠지
며 생산적인 활동을 사실상 거의 할 수 없다. 이런 정
신 상태에 놓인 사람은 살아도 산 것이 아니다. 기껏
해야 그냥 존재하는 수준이다. 한 번의 결정 또는 일
련의 결정이 모든 것을 바꿔놓을 것이다.

우주의 기본 법칙은 '창조 아니면 붕괴'다. 우유
부단함은 붕괴로 이어진다. "뭘 해야 할지 모르겠어"
라고 말하는 사람이 얼마나 많은가? 또 당신은 '내가
뭘 해야 하지?'라는 생각을 얼마나 자주 하는가? 당
신과 이 행성의 모든 사람이 흔히 경험하는 우유부단
한 감정 몇 가지를 떠올려보자. 사랑이냐 이별이냐,
그만둘까 계속할까, 할까 말까, 파산이냐 아니냐, 일
하러 갈까 TV를 볼까, 살까 말까, 말할까 하지 말까,
알릴까 말까.

누구나 가끔은 이런 양가감정을 느낀다. 하지만 이런 감정이 자주 생긴다면 당장 멈추겠다고 결정하라. 양가감정의 원인은 우유부단이다. 하지만 겉으로 드러난 것만 봐서는 진실을 알 수 없음을 명심해야 한다. 우유부단함이 양가감정을 유발하기는 하지만 두 번째 요인이다. 양가감정을 유발하는 진짜 요인은 따로 있다.

낮은 자존감 또는 자신감 결여가 진짜 범인이다. 나는 결정을 내리는 일에 능숙한 사람들을 25년 넘게 연구해왔다. 그들에게는 한 가지 공통점이 있다. 그들은 매우 강력한 자아상과 높은 수준의 자존감을 지니고 있다. 그들은 무수히 다양한 측면에서 각자 자신만의 개성을 드러낸다. 하지만 그들 모두가 공통으로 가진 한 가지는 확신이다. 그래서 결정에 능숙한 사람들은 실수를 두려워하지 않는다. 잘못된 결정을 내리거나 결정한 일에 실패하더라도 그들은 훌훌 털어내는 능력이 있다. 그들은 경험을 통해 배운다. 하지만 실패에 무릎 꿇는 법은 없다.

결정을 잘 내리는 사람들은 운 좋게도 결정력을 길러주는 양육 환경에서 자랐거나, 아니면 나중에 스스로 이 능력을 키웠다. 성공한 삶을 살기를 희망하는 사람이라면 꼭 이해해야 하는 것을 그들은 잘 알고 있다. 바로 결정은 피할 수 있는 게 아니라는 점이다. 당신이 성공하고 번영하는 삶을 바란다면 결정에 능숙해져야 한다. 심지어 결정에 이미 능숙한 사람들조차 자신의 결정력을 더 향상할 수 있음을 알고 있다.

언제 결정해야 할까

◇◇◇◇◇

'좋아, 그런데 어디서부터 시작해야 하지?'라는 생각이 들지 모른다. 지금 바로 그 자리에서 지금 가진 자원을 활용해 결정력을 높이기 시작하라. 결정하라. 당신이 무엇을 가지고 있든 지금 그 자리에서 시작하라. 이것이 결정의 기본 원칙이다. 지금 가진 것으로 지금 있는 곳에서 결정하라.

어째서 대부분의 사람들은 이 중요한 삶의 원칙을 실천하지 못할까? 그들은 결정의 여부와 시기를 가진 자원이 허용하느냐에 맡겨버리기 때문이다. 존

F. 케네디John F. Kennedy가 베르너 폰 브라운Wernher Von Braun에게 인간을 달에 보냈다가 지구로 무사히 귀환시키는 로켓을 만들려면 무엇이 필요하냐고 물었을 때 브라운은 간단명료하고 단도직입적으로 이렇게 대답했다. "그런 로켓을 만들겠다는 의지입니다."

케네디 대통령은 그 일이 가능한지, 과학자들이 그 일을 해낼 수 있는지 결코 묻지 않았다. 당연히 물어볼 수 있는 질문이 수천 가지는 되었지만 어느 것도 묻지 않았다. 케네디 대통령은 결정했다. 그는 이렇게 말했다. "우리는 1960년대 말까지 인류를 달에 보냈다가 지구로 무사히 귀환시킬 것입니다." 그 일이 인류 역사 수십만 년을 통틀어 한 번도 없었던 일이라는 것은 고려의 대상이 아니었다. 그는 자신이 당장 활용할 수 있는 것을 토대로 그 자리에서 결정했다. 그의 마음속 목표는 그가 결정을 내리는 순간 달성되었다. 이 목표가 전 세계 사람이 볼 수 있는 형태로 나타나는 건 단지 시간문제였다. 시간이 걸리는 건 우주의 자연법칙에 지배를 받으니 어쩔 수 없는 노릇이었다.

최근에 나는 세 사람과 함께 사무실에 있었다.

우리는 한 기업의 주식 매매에 대해 상의하고 있었다. 나는 매도를, 다른 사람들은 매수를 고려하고 있었다. 얼마간 시간이 흐른 뒤 한 사람이 내게 언제 결정하고 싶냐고 물었다. 나는 "지금 당장"이라고 답했다. 그리고 "당신도 자신이 무엇을 하고 싶은지 이미 알 텐데요" 하고 말했다.

돈 이야기도 나왔다. 나는 돈은 결정과 아무 상관이 없다고 말했다. 당신이 결정만 하면 돈은 어디서든 구할 수 있다. 이 말이 결정과 관련한 이 특별한 메시지에서 당신이 얻은 유일한 유익이라면 마음에 깊이 새겨라. 이것이 당신의 삶을 바꿀 것이다.

나는 함께 사무실에 있던 두 사람에게 내가 무슨 일을 할지 말지 결정할 때 돈은 전혀 생각하지 않는다고 말했다. 내가 어떤 일을 할 금전적인 여유가 있는지 없는지는 결코 고려 대상이 아니다. 내가 원하느냐 그렇지 않으냐만이 유일한 고려 대상이다. 당신은 무엇이든 할 수 있는 금전적인 여유가 있다. 돈은 무한하게 공급되기 때문이다. 당신이 확고하게 결정만 하면 이 세상의 모든 돈을 사용할 수 있다. 돈이 필요하면 그것을 끌어당기면 된다.

당신이 확고하게 결정만 하면
이 세상의 모든 돈을 사용할 수 있다.

당신의 생각을 통제하라

◇◇◇◇◇

어떤 사람은 터무니없는 소리라고 말할 것이다. 필요한 자원이 없는데 어떻게 일을 추진하기로 결정할 수 있단 말인가 하는 생각이 들 수 있다. 그렇게 생각하기로 선택했다면 어쩔 수 없다. 하지만 나는 그런 생각을 매우 제한적인 사고방식이라고 본다. 솔직히 그건 생각이 아니다. 그런 생각은 자기 생각이라기보다 집안 어른들에게서 물려받은 의견에 더 가깝다. 그리고 그 어른들도 생각이라는 걸 하지 않았다.

생각은 매우 중요하다. 결정을 내리는 사람은 위대한 생각을 하는 사람이다. 당신의 생각과 생각이 당신 삶에 미치는 영향을 곰곰이 생각해본 적 있는가? 이 질문이야말로 우리가 가장 진지하게 고려해야 할 문제 중 하나다. 하지만 안타깝게도 그렇게 하는 사람이 별로 없다.

아주 소수의 특별한 사람만이 자기 생각을 통제하거나 지배하려고 노력한다. 역사상 위대한 사상가와 의사결정자, 크게 성공한 사람을 연구해본 사람이라면 그들이 각자 인간 삶을 다양한 관점으로 바라보았음을 알 것이다. 하지만 그들이 만장일치로 동의하는 한 가지가 있다. 바로 이것이다. 우리는 스스로 생각하는 대로 된다. 우리의 생각은 궁극적으로 우리가 내리는 모든 결정을 지배한다. 당신의 모습은 당신 생각의 총체다.

생각을 통제하겠다고 지금 당장 결정하라. 멋진 하루가 보장될 것이다. 불행하고 부정적인 사람이나 상황으로부터 어떤 영향도 받지 마라.

상황과 실패는 잊어버려라

◇◇◇◇◇

인생에서 중요한 결정을 내릴 때 어떤 장애물에 직면하게 될까? 다양한 장애물이 있지만 그중 가장 심각한 건 우리가 처한 상황이다. 모든 것을 쏟아부어야 하는 때도 우리는 상황상 대충 넘어간다. 다른 요인 때문이 아니라 처한 상황 때문에 많은 꿈이 산산이 부서지고 목표가 사라진다.

우리는
스스로 생각하는 대로 된다.
당신의 모습은
당신 생각의 총체다.

'그 일을 하고 싶어. 하지만 …… 때문에 할 수가 없어.' 이런 생각이 얼마나 자주 떠오르는가? '때문에' 뒤에 늘 따라붙는 것이 상황이다. 상황 탓에 돌아갈 수는 있다. 하지만 상황 때문에 중요한 결정을 내리지 못하는 일은 없어야 한다. 나폴레온 힐은 말했다.

상황은 내가 만든다.

다음에 누가 당신에게 파리로 휴가를 가고 싶은데 또는 멋진 자동차를 사고 싶은데 돈이 없어서 할 수가 없다고 말하면 이렇게 설명해주라. 파리 여행이나 자동차 구입을 결정하기 전에는 돈은 필요 없다고. 결정만 내리면 그들은 필요한 돈을 구할 방법을 찾아낼 것이다. 결정하면 방법은 언제나 생긴다.

많은 사람이 한두 번 시도해보고 성공하지 못하면 실패했다고 생각하는데 착각이다. 뭔가를 못 한다고 해서 실패는 아니다. 하지만 포기하면 거의 확실하게 실패. 포기하는 것은 결정이기 때문이다. 이런 논리에 따르면 포기하겠다는 결정은 실패하겠다는 결정이나 다름없다.

미국에서는 야구 선수가 수백만 달러의 연봉 계약서에 서명한다는 소식을 날마다 듣는다. 그런데 이런 선수조차 타석에 서면 때리는 공보다 놓치는 공이 더 많다는 것을 명심해야 한다. 베이브 루스Babe Ruth가 714개의 홈런을 친 건 모두가 기억한다. 하지만 사람들은 그가 스트라이크 아웃을 1330번 당했다는 이야기는 거의 하지 않는다.

찰스 F. 케터링Charles F. Kettering은 말했다.

발명할 때 999번 실패해도 1번 성공하면 성공한 것이다.

이 말은 거의 모든 활동에 적용된다. 세상은 당신의 성공을 보고 실패는 곧 잊을 것이다. 실패를 걱정하지 마라. 실패는 당신을 더욱 강하게 만들고 더큰 성공을 얻도록 준비시켜준다. 기억하라. 성공하기는 결정이다.

세상은 당신의 성공을 보고
실패는 곧 잊을 것이다.
실패를 걱정하지 마라.

비전 세우기, 걱정 버리기

◇◇◇◇◇

오래전 헬렌 켈러Helen Keller는 앞을 못 보는 것보다
더 안 좋은 게 있다고 생각하느냐는 질문을 받았다.
곧바로 그녀는 훨씬 더 안 좋은 게 있다면서 이렇게
말했다.

> **이 세상에서 가장 불쌍한 사람은 시력은 있지만 비**
> **전이 없는 사람입니다.**

우리는 이 말에 동의할 수밖에 없다.

J. C. 페니J. C. Penney는 91살 때 시력이 괜찮냐는
질문을 받았다. 그는 시력은 계속 나빠지고 있지만
비전은 어느 때보다 더 좋다고 말했다. 멋진 대답 아
닌가?

비전이 명확할 때 결정을 내리기 쉬워진다. 더
나은 삶에 대한 비전이 없는 사람은 자신도 모르게
스스로를 감옥에 가둔다. 그들은 희망이 없는 삶으로
자신을 구속한다. 성공해보려고 여러 차례 진지하게

노력했지만 번번이 실패를 맛보는 사람들이 이렇게 되는 경우가 많다. 반복되는 실패는 자아상을 손상시켜 자신의 잠재력을 보지 못하게 만들 수 있기 때문이다. 그래서 이런 사람들은 성공을 아예 포기해버리고 실패를 운명으로 받아들이기로 결정한다.

따라서 설령 실패하더라도 번영하는 자신의 미래를 예측해야 한다. 이것이 성공의 첫걸음이다. 어떤 삶을 살고 싶은지 머릿속으로 정확하게 그림을 그려라. 이 비전을 고수하겠다고 확고하게 결정하라. 그러면 모든 면에서 더 잘 해낼 수 있는 긍정적인 방법들이 머릿속에 떠오르기 시작할 것이다.

어떤 삶을 살고 싶은지, 사업에서 어떤 성공을 원하는지에 대해 멋진 미래를 떠올려보지만 그 일이 어떻게 이루어질지 모르기 때문에 비전을 포기하고 마는 사람들이 많다. 설사 어떻게 이루어질지 안다 해도 비전이 아니라 계획을 세운다. 계획은 영감을 불어넣어주지 않는다. 하지만 비전은 틀림없이 영감을 불어넣어준다.

비전이 생기면 이루겠다고 결정 내려서 정신에 고정시켜라. 그 일을 어떻게 할지, 필요한 자원을 어디서 얻을지는 걱정하지 마라. 열정을 불사르며 결정하라. 이것이 중요하다. 비전이 어떻게 이루어질지에 대한 걱정은 버려라. 당신보다 훨씬 강력한 어떤 힘이 있다. 이 힘은 완벽하다. 이 완벽한 힘이 책임지고 일을 성공시킬 것이다.

걱정만 늘어놓으면 상황은 더 나빠지기 마련이다. 걱정은 아무 문제도 해결하지 못한다. 걱정은 아무것도 막지 못한다. 걱정은 어떤 치유도 하지 못한다. 걱정이 하는 일이라고는 단 하나다. 걱정은 상황만 악화시킨다. 제임스 커크James Kirk는 말했다.

걱정하면 믿음을 잃는다. 하지만 믿으면 걱정이 사라진다. 걱정은 슬픔을 없애지 못하고 오히려 오늘의 기쁨을 앗아간다.

걱정이 온 국민의 취미가 된 것 같다. 하지만 애석하게도 걱정은 시간 낭비일 뿐이다. 커크의 말을 기억하라. "걱정은 오늘의 기쁨을 앗아간다." 걱정하지 마라. 행복하라. 믿음을 가져라.

뭔가 부족할까봐 걱정하는가? 그런 걱정은 우리

의 공급원을 심각하게 오해하고 있다는 분명한 증거다. 당신과 내가 누리는 모든 좋은 것들은 하나의 공급원에서 우리 삶으로 유입된다. 공급원은 단 하나, 바로 영이다. 모든 것은 영에서 나온다. 이 진실을 명확히 이해할 때 더욱 쉽게 결정 내릴 수 있을 것이다.

사람들은 결정을 내릴 때 둘 중 하나에 근거해 결정한다. 하나는 이익을 얻느냐, 다른 하나는 손실을 피하느냐다. 하지만 이익이냐 손실이냐를 떠나 하나의 공급원인 영을 이해한다면 더 능숙하게 결정을 내리게 될 것이다.

회사에 다니는 직장인은 대부분 자신의 월급이 회사에서 나온다고 믿는다. 하지만 그들의 월급은 유일한 공급원인 영에서 나온다. 회사는 그저 월급이 나오는 '통로'일 뿐이다.

공급원을 진정으로 이해하고 영의 작용 법칙을 깊이 이해할 때 당신은 결정을 내릴 수 있고, 결정의 성공적인 결과를 머릿속에서 생생한 그림으로 그려 볼 수 있을 것이다. 그 그림의 실현에 필요한 건 무엇이든 영이 즉각 당신에게 보내기 시작한다는 진실을 당신이 알기 때문이다.

만약 당신이 내가 한 말을 다른 사람에게 하면 수백만 명이 당신을 비웃을지 모른다. 하지만 그런 사람들은 내 말에 반대하는 이유, 내가 한 말이 이루어질 수 없는 이유를 설명하지 못한다.

우리 회사에는 수백만, 수천만 달러의 수입을 올리는 법을 알려주는 탁월한 프로그램이 있다. 뉴 리드 더 필드The New Lead the Field라는 이 프로그램은 돈의 무한 공급이 어떻게 가능한지 알려준다. 하지만 여기서도 우리는 처음으로 돌아간다. 이 정도 큰돈을 벌려면 결정이 필요하다.

사전 결정의 기술

◇◇◇◇◇

게리 로버트Gerry Robert는《삶의 장애물 정복하기 Conquering Life's Obstacles》라는 놀라운 책을 썼다. 이 책에는 더 효과적인 의사결정자가 되려고 노력할 때 엄청난 유익을 얻을 수 있는 아이디어가 담겨 있다. 바로 '사전 결정advance decision making'이다.

우리는 비행기로 여행할 때 사전 예약을 한다. 너무나 당연한 일이다. 여행을 출발할 때 생길 수 있는 문제를 사전에 해결하기 위해서다. 자동차를 렌트할 때도 마찬가지다. 해야 하는 결정을 미리 함으로써 없앨 수 있는 많은 문제들을 생각해보라.

내가 직접 경험한 좋은 사례를 들어보겠다. 이슬람교도라면 누구나 금식을 해야 하는 기간인 라마단에 나는 쿠알라룸푸르 사무실에 있었다. 그때 차를 마실지 커피를 마실지 질문을 받았다. 나는 차를 부탁했다. 그런데 내 옆에 있던 여성이 같은 질문을 받고 "괜찮습니다. 나는 지금 금식 중이에요"라고 말했다.

이 여성은 사전 결정을 내렸다. 그래서 질문을 받았을 때 자신이 뭘 마실지 결정할 필요가 없었다. 자신이 목이 마른지 아닌지는 고려 사항이 아니었다. 그녀는 사전에 결정을 내렸고 이 결정은 규율과 잘 조화를 이루었다.

똑같은 개념이 몸무게를 줄이려고 다이어트를 하는 사람들에게 적용된다. 그들은 사전 결정을 한다. 그래서 누가 초콜릿 케이크 한 조각이나 바바리안 크림 파이를 먹어보라고 하면 "와, 맛있어 보이는 데. 먹어도 될까?"라고 말하지 않는다. 결정이 이미 내려졌기 때문이다.

오래전 나는 어떤 일이 불가능한 이유를 토론하는 자리에는 참여하지 않기로 결정했다. 그런 토론에 에너지를 쏟아봤자 당신이 받을 수 있는 유일한 보상은 당신이 원하는 게 아니다. 똑똑해 보이는 사람들이 그런 부정적인 토론에 다른 사람들을 계속 끌어들이는 걸 보면 놀라울 따름이다. 그들은 어떤 목표를 이루고 싶다고 진지하게 말하고 나서는 왜 그 목표를 달성할 수 없는지 이유를 늘어놓기 시작한다. 그렇게 부정적인 에너지를 쏟는 일에 더는 참여하지 않겠다고 사전에 결정하면 얼마나 많은 삶의 즐거움을 누릴지 생각해보라.

한 가지 당부하고 싶은 말이 있다. 사전 결정에는 충분한 훈련이 뒤따라야 한다. 정상에 오른 사람은 모두 훈련을 이해하고 활용한다. 훈련과 성공의 관계는 탄소와 강철의 관계와 같다. 어떤 결정을 내리든 훈련이 뒷받침되어야 한다.

한 연구에 따르면 큰 성공을 거둔 사람은 매우 신속하게 결정하고 결정을 바꿔야 할 때는 매우 신중

하게 한다. 반대로 성공을 거의 맛보지 못하는 사람은 아주 더디게 결정하며 결정을 손바닥 뒤집듯 자주 바꾼다. 이런 사람들은 대개 결정을 내릴 때 다른 사람의 의견에 영향받는다. 성공한 사람이 자기 생각을 따르는 것과 확연히 대조된다.

군중을 따르지 말고
스스로 결정하라

◇◇◇◇◇

세상에서 가장 자연스러운 행동이 있다. 십중팔구 이 행동은 성공에 가장 해롭다. 바로 군중을 따르는 것이다. 역사적으로 볼 때 군중은 언제나 잘못된 길로 갔다.

당신은 어렸을 때 "이 아이처럼 해"라거나 "저 아이가 하는 대로 해"라는 말을 들어봤을 것이다. 군중을 따르도록 길들여진 것이다. 많은 학교에서는 학생들에게 옷까지 비슷하게 입으라고 한다. 하지만 당신은 더는 아이가 아니다. 그리고 다른 사람과 비슷

군중에게서 벗어나라.
당신 내면의 지침을 따라라.

하지도 않다. 당신은 유일무이한 존재다. 유일무이함이 〈모나리자〉를 아주 가치 있는 작품으로 만들었다. 〈모나리자〉가 이 세상에 단 하나뿐인 작품인 것처럼 당신 역시 이 세상에 단 하나뿐인 존재다.

당신 자신의 모습으로 존재하라. 군중에게서 벗어나라. 스스로 결정을 내려라. 인본주의 심리학자 에이브러햄 매슬로Abraham Maslow는 잠재력을 최대로 발휘한 사람을 연구하는 데 평생을 바쳤다. 그는 우리가 내면의 지침을 따라야 하며 다른 사람의 의견이나 외부 환경에 휘둘려서는 안 된다고 말했다.

매슬로의 연구에 따르면 성공적으로 결정하는 사람들에게는 많은 공통점이 있다. 그중 가장 중요한 것은 자신이 가치 있고 중요하다고 생각하는 일을 한다는 점이다. 그들은 일에서 즐거움을 찾았다. 그들에게는 일과 놀이에 구별이 없었다.

매슬로는 말했다.

자아실현을 하려면 자신이 중요하다고 생각하는 일을 해야 하며 나아가 그 일을 잘해야 하고 즐겨야 한다.

매슬로는 탁월한 업적을 남긴 사람들은 모두 나름의 가치관을 지녔다고 기록했다. 이러한 가치관은 사회나 부모, 주변 사람들이 부여한 게 아니었다. 성공한 사람은 스스로 결정을 내렸다. 그들은 스스로 가치관을 선택하고 키워나갔다.

당신 인생은 중요하다. 그리고 인생은 짧다. 당신은 스스로 선택한 일을 할 능력, 잘 해낼 잠재력을 지녔다. 하지만 먼저 결정해야 한다. 당신은 현재 가진 자원을 활용해 지금 그 자리에서 결정해야 한다.

위대한 의사결정자였던 윌리엄 제임스William James와 토머스 에디슨Thomas Edison의 말을 전하고 싶다. 저명한 철학자이자 심리학자인 윌리엄 제임스는 우리가 신체 능력과 정신 능력을 자기 잠재력보다 아주 조금밖에 사용하지 않는다고 했다. 이 개념을 확장해보면 인간 개개인은 자신이 만든 한계 내에서 살아가며, 자신이 지닌 다양한 종류의 힘을 습관적으로 사용하지 않는다는 결론에 이른다. 토머스 에디슨은 말했다.

우리 모두가 자신의 역량대로 할 수 있는 일을 한다
면 스스로 깜짝 놀랄 것이다.

결정만 하면 당신은 과거의 가장 위대한 리더들
의 정신을 활용할 수 있다. 아무리 터무니없어 보이는
꿈이라도 현실로 만드는 방법을 배울 수 있다. 결정하
라. 위대한 리더들의 삶을 연구하겠다고 결정하라. 이
결정에 제임스와 에디슨이 말한 잠재력을 개발하겠
다는 결정을 결합하라. 당신에게는 잠재력이 있다. 이
잠재력을 사용하라. 이 귀중한 정보를 활용하라. 당신
안에 위대함이 있다는 진실을 인식하라.

당신 안에는 어서 꺼내져 마음껏 활용되기를 기
다리는 무한한 잠재력과 능력이 있다. 오늘 당장 시
작하라. 지금보다 더 완벽한 타이밍은 없다. 당신이
될 수 있는 존재가 돼라.

1. 세상에서 가장 성공한 사람들에게는 결정한다는 공통점이 있다. 결정을 내리는 사람은 최정상에 오르고, 결정을 내리지 않는 사람은 아무것도 이루지 못한다.

2. 결정은 당신의 삶 전체를 지배한다. 당신의 수입, 몸과 마음의 건강, 가족의 행복, 사회생활, 인간관계 등 모두가 올바른 결정을 내릴 능력이 있느냐에 달려 있다.

3. 확신을 가지고 결정을 내리는 것, 이것이 결정을 내리는 유일한 방법이다. 일단 결정을 내리고 나면 자신이 옳은 일을 하고 있는지는 고민하지 마라.

4. 결정하기는 통달할 수 있는 정신 훈련이다.

5. 누구도 당신의 결정을 볼 수는 없다. 하지만 결정의 결과는 거의 모든 사람이 본다.

6. 우유부단해 양가감정에 빠진 사람은 파탄을 맞는다. 이런 사람은 살아도 산 것이 아니다.

7. 양가감정을 유발하는 진짜 요인은 낮은 자존감 또는 자신감 결여이다.

8. 결정하라. 당신이 무엇을 가지고 있든 지금 그 자리에서 시작

하라. 이것이 결정의 기본 원칙이다. 지금 가진 것으로 지금 있는 곳에서 결정하라.

9. 당신은 무엇이든 할 수 있는 금전적인 여유가 있다. 돈은 무한하게 공급되기 때문이다. 당신이 확고하게 결정만 하면 이 세상의 모든 돈을 사용할 수 있다. 돈이 필요하면 그것을 끌어당기면 된다.

10. 우리는 스스로 생각하는 대로 된다. 우리의 생각은 궁극적으로 우리가 내리는 모든 결정을 지배한다. 당신의 모습은 당신 생각의 총체다.

11. 상황 때문에 중요한 결정을 내리지 못하는 일은 없어야 한다. 나폴레온 힐은 말했다. "상황은 내가 만든다."

12. 한두 번 시도해보고 성공하지 못하면 실패했다고 생각하는데 착각이다. 뭔가를 못 한다고 해서 실패는 아니다. 하지만 포기하면 거의 확실하게 실패다. 포기하는 것은 결정이기 때문이다.

13. 세상은 당신의 성공을 보고 실패는 곧 잊을 것이다. 실패를 걱정하지 마라. 실패는 당신을 더욱 강하게 만들고 더 큰 성공을 얻도록 준비시켜준다.

14. 헬렌 켈러는 말했다. "이 세상에서 가장 불쌍한 사람은 시력

은 있지만 비전이 없는 사람입니다."

15. 비전이 명확할 때 결정을 내리기 쉬워진다. 더 나은 삶에 대한 비전이 없는 사람은 자신도 모르게 스스로를 감옥에 가둔다. 그들은 희망이 없는 삶으로 자신을 구속한다.

16. 월급은 유일한 공급원인 영에서 나온다. 회사는 그저 월급이 나오는 '통로'일 뿐이다.

17. 더 효과적인 의사결정자가 되려고 노력할 때 엄청난 유익을 얻을 수 있는 아이디어가 있다. 바로 '사전 결정'이다.

18. 군중을 따르는 것은 성공에 가장 해롭다. 역사적으로 볼 때 군중은 언제나 잘못된 길로 갔다.

19. 〈모나리자〉가 이 세상에 단 하나뿐인 작품인 것처럼 당신 역시 이 세상에 단 하나뿐인 존재다.

20. 성공한 사람은 스스로 결정을 내린다. 그들은 스스로 가치관을 선택하고 키워나간다.

21. 당신 안에는 어서 꺼내져 마음껏 활용되기를 기다리는 무한한 잠재력과 능력이 있다. 오늘 당장 시작하라. 지금보다 더 완벽한 타이밍은 없다. 당신이 될 수 있는 존재가 돼라.

CHAPTER 03

위험

위험을 감수하며 계속 도전하라

1 2
POWER PRINCIPLES
for SUCCESS

위험을 무릅쓰면 자유로워진다

◇◇◇◇◇

준비되었는가? 그럼 시작하자. 마음의 문을 열어라. 당신은 위험risk을 받아들이게 될 것이다.

위험을 감수해야 한다. 인생에서 가장 큰 위험은 아무런 위험도 감수하지 않는 것이다. 위험을 무릅쓰지 않는 사람은 아무 일도 하지 못하고 아무것도 얻지 못하며 아무런 존재도 되지 못한다. 위험을 무릅쓰는 사람만이 자유로워진다.

안전지대에 머물고 싶어서 위험을 피하는 일은 절대 하지 마라. 헬렌 켈러는 안전은 신화(근거 없는 믿음)라고 했다. 그녀는 말했다.

인생에 일련의 위험이 없다면 그 인생은 아무것도 아니다.

이 장은 당신이 안전지대 밖으로 나와 자유로워 지도록 도움을 줄 것이다. 또한 당신의 인생에 모험 과 창조성이라는 놀라운 세계를 더해줄 것이다. 한 번도 가본 적 없는 모험의 세계로 떠날 준비를 하라. 당신 삶을 흥미진진한 모험이 끊이지 않는 삶으로 전 환하라.

내가 본 책이나 자료에 따르면 웃는 것은 바보처 럼 보일 위험을 무릅쓰는 것이다. 우는 것은 감상적으 로 보일 위험을 무릅쓰는 것이다. 다른 사람에게 다가 가는 것은 문제에 휘말릴 위험을 무릅쓰는 것이다. 감 정을 표현하는 것은 속마음을 드러낼 위험을 무릅쓰 는 것이다. 생각이나 꿈을 대중 앞에서 말하는 것은 그들의 지원을 잃을 위험을 무릅쓰는 것이다. 누군가 를 사랑하는 것은 그 사람에게 사랑받지 못할 위험을 무릅쓰는 것이다. 사는 것은 죽을 위험을 무릅쓰는 것 이다. 희망을 품는 것은 절망할 위험을 무릅쓰는 것이 다. 시도하는 것은 실패할 위험을 무릅쓰는 것이다.

하지만 위험을 감수해야 한다. 인생에서 가장 큰 위험은 아무런 위험도 감수하지 않는 것이기 때문이다. 위험을 감수하지 않는다면 고통과 슬픔은 피할 수 있을지 모른다. 하지만 배움은 얻을 수 없다. 느끼고 변화하고 성장하고 사랑하며 진정한 삶을 살 수 없다. 위험을 무릅쓰는 사람만이 자유로워진다.

사람들은 왜 위험을 피할까? 심지어 어떤 일은 위험도가 낮고 그 일을 하면 진정으로 원하는 걸 얻을 수 있는데도 위험을 피하는 이유는 무엇일까? 손실과 실패, 굴욕에 대한 두려움을 피해야 할 목록 중 상위에 두기 때문이다.

안전지대 밖으로 나와 위험을 무릅쓰면 좋은 성과를 얻는다. 그런데 그 성과는 우리가 얻는 유익의 아주 작은 부분에 불과하다. 이 진실을 깨닫는 것이 출발점이 되어야 한다. 위험을 무릅쓸 때 얻는 진정한 성과는 자신감과 경험이다. 이것은 새로운 기회로 이어져 삶의 모든 영역에 성장과 기쁨, 확장을 안겨준다.

인생에서 가장 큰 위험은
아무런 위험도
감수하지 않는 것이다.

위험 감수와 도박은
같은 말이 아니다

◇◇◇◇◇

위험을 무릅쓴다는 말이 도박을 한다는 말이 아님을 이해해야 한다. 위험 감수는 도박과는 아무 관련이 없다. 나는 이 세상에서 진정으로 위대한 승자는 결정을 내리는 사람이라는 말을 자주 한다. 이런 사람들은 위험 역시 기꺼이 감수한다. 하지만 그들은 자신의 결정을 도박이라고 생각하지 않는다. 대신에 위대한 승자는 자신이 어디로 가고 있는지, 무엇을 하고 있는지 정확히 알고 거기에 초점을 맞춘다. 대개 그들은 진정으로 원대한 아이디어에 집중한다.

위대한 승자는 확신을 지닌다. 그들은 실패할 거라는 상상은 하지 않는다. 그들은 성공을 이루기 위해 자신의 에너지와 시간, 돈을 모두 쏟아부을 준비가 되어 있다. 그들이 성공을 위해 투자하는 목록은 끝이 없다. 그들은 자신이 엄청나게 위험한 행동을 한다고 생각하기에 그 일을 성공시키기 위해 모든 걸 쏟아붓는다.

오랜 세월 동안 나는 수없이 많은 탁월한 사람들의 이야기를 읽고 듣고 수집했다. 이러한 이야기는 내게 위험을 계속 감수하도록 영감을 불어넣었다. 나는 위험을 무릅쓰겠다는, 그래서 끊임없이 자유로워지겠다는 동기부여를 얻었다.

얼마 전《삶의 장애물 정복하기》의 저자 게리 로버트는 내게 잊지 못할 이야기를 들려주었다.

허먼 크래너트Herman Krannert라는 위대한 위험 감수자의 실화다. 이야기는 1925년 인디애나폴리스에서 시작된다. 허먼 크래너트는 세프턴 컨테이너 컴퍼니Sefton Container Company에서 관리직으로 일했다. 하루는 회사 사장이 점심을 함께 먹자며 크래너트를 시카고로 불렀다. 크래너트는 몹시 들떴다. 사장에게 점심 초대를 받은 적이 한 번도 없었으니 신이 날 만했다.

크래너트는 스포츠 클럽에서 사장을 만났다. 함께 점심을 먹는데 사장이 말했다. "크래너트, 오늘 오후에 회사에서 한 가지 발표를 할 걸세. 그 발표가 자네 삶에 큰 영향을 미칠 거야. 자네를 부사장으로 승진시키려고 하네. 자네는 이사회의 새로운 임원이 될 거야."

크래너트는 생각지도 못한 이야기에 충격을 받

았다. 그는 말했다. "사장님, 제가 그 자리에 거론될 줄은 생각도 못 했습니다. 제가 회사에서 가장 충성스러운 직원이 될 거라는 점을 알아주셨으면 합니다. 우리 회사를 미국에서 가장 훌륭한 회사로 성장시키는 데 제 삶을 바치겠습니다."

사장은 그의 말에 매우 흡족해하며 말했다. "크래너트, 자네가 그렇게 말하니 기쁘군. 자네가 기억했으면 하는 게 하나 있다네. 자네가 이사회 임원으로 투표할 때 내 지시대로 하길 바라네."

사장의 말을 듣고 크래너트는 맥이 빠졌다. 그는 사장이 시키는 대로 할 수 있을지 모르겠다고 말했다. 그러자 사장이 다그쳤다. "이봐. 크래너트, 비즈니스 세계는 원래 그래. 나는 자네를 이사회에 앉힐 거야. 자네는 내가 시키는 대로 하면 된다고."

사장의 말을 생각하면 할수록 크래너트는 더 화가 났다. 점심 식사가 끝난 후 크래너트는 자리에서 일어나 말했다. "사장님, 그 제안을 받아들일 수 없습니다. 이해해주시기 바랍니다. 저는 이사회에서든 어디서든 누군가의 꼭두각시가 되지 않겠습니다. 한 가지 더 드릴 말씀이 있습니다. 저는 그런 요구를 하는 회사를 위해 일할 수 없습니다. 회사를 그만두겠습니다."

그는 그날 밤 인디애나폴리스로 돌아와 아내에게 말했다. "당신이 들으면 놀랄 일이 있어. 오늘 부사장으로 승진하고 이사회 임원이 됐어. 그런데 회사를 그만뒀어." 아내는 깜짝 놀라 소리쳤다. "그만뒀다고요? 당신 제정신이에요?" 크래너트가 아내에게 그날 있었던 일을 이야기하자 아내는 남편의 결정을 지지하며 말했다. "그래요. 다른 일을 찾으면 되죠."

4일 후 누군가가 크래너트의 현관문을 두들겼다. 문을 열어주자 회사 중역 6명이 문을 밀어젖히고 들어왔다. 모두 흥분해 있었다. "크래너트, 그날 있었던 일을 들었소. 그렇게 훌륭한 결정은 처음 들어봤소. 우리도 회사를 그만두었소."

"여러분도 회사를 그만뒀다니 무슨 말입니까?" 하고 크래너트는 물었다. "말 그대로 그만뒀다고요. 크래너트 당신처럼 말이요. 그리고 좋은 소식이 있소. 우리가 당신 밑에서 일하겠소." "내 밑에서 어떻게 일하십니까? 나는 일자리도 없어요." "당신은 일을 찾아낼 거요. 크래너트, 당신이 일을 시작하면 우리가 당신을 돕겠소."

그날 밤 이 7명은 크래너트의 거실 탁자에 둘러앉아 인랜드 컨테이너 코퍼레이션Inland Container Corporation을 설립했다. 이 회사는 수 세대에 걸쳐 건재했다. 1925년 한 남자가 자신의 신념을 굽히기를 거부한 덕분이었다.

허먼 크래너트는 중대한 결정을 내려야 했다. 그의 선택은 둘 중 하나였다. 신념을 내팽개치고 거짓말하는 인생을 살 것인가, 아니면 모든 위험을 감수할 것인가. 당신이라면 어떤 결정을 하겠는가? 당신은 무엇을 믿는가? 당신이 포기할 수 없는 신념은 무엇인가? 자신의 신념이 무엇인지 정확하게 인식하고 크래너트처럼 신념에 따라 살아야 한다. 그렇지 않으면 절대 자유로워지지 않는다. 신념을 저버리고 타협하면 다른 사람의 꼭두각시가 되고 말 것이다.

반대의 법칙을 이해하라

◇◇◇◇◇

내가 무엇을 믿는지 알려주겠다. 나는 신을 믿는다.

나는 영원하고 전지전능한 존재를 믿는다. 이 존재는 매우 정확한 방식으로 활동한다. 더 쉽게 말하면 '법칙'으로 움직인다. 나는 이 힘이 내가 요청하는 것을 언제나 예외 없이 주리라고 믿는다. 가본 적 없는 곳에 갈 힘을 달라고 요청하면 내가 필요할 때 그 힘을 얻을 것이다. 문제를 해결할 창조적인 생각이 필요하면 바로 그 순간 내게 영감이 주어질 것이다.

나는 극성의 법칙Law of Polarity으로도 알려진 반대의 법칙Law of Opposites을 믿는다. 부정적인 상황을 보면 그 상황 어딘가에 긍정적인 요소가 숨어 있음을 알아야 한다. 긍정적인 면을 찾아라. 그러면 찾을 것이다. 위험 때문에 당신은 손해 볼 상황에 노출될 수 있다. 하지만 반대의 법칙에 따라 당신은 이익을 얻을 기회에도 틀림없이 노출될 것이다. 이 법칙이 어김없이 작동한다는 것을, 그러므로 반드시 이해하고 있어야 한다는 것을 명심하라.

반대의 법칙은 단순히 모든 것이 반대 요소를 가진다는 뜻만은 아니다. 반대 요소가 '똑같은' 크기로 존재한다는 뜻도 포함한다. 그래서 위험이 적으면 그만큼 얻는 것도 적다. 하지만 중요한 건 감수하는 위험의 크기가 아니다. 안전지대에 머물기를 확실하게 거부하는 것이 중요하다. 작은 위험을 감수하기 시작하면 점점 더 큰 위험을 감수하게 된다. 큰 나무의 시작은 작은 씨앗이다.

안타깝게도 어린 시절에 위험을 감수해야 한다고 배운 사람은 극히 드물다. 우리의 어린 귀는 이런 소리를 끊임없이 들었다. "조심해. 넘어질 수 있어." 넘어질 수 있다니 왜 그런 말을 했을까? 우리는 '실제로' 넘어졌다. 그리고 '당연히' 넘어지게 되어 있었다. 어른들은 이 넘어질 '가능성'이란 걸 도대체 어디서 배운 걸까?

만약 우리가 이런 말을 들었다면 어땠을까? 삶에서 맞닥뜨리는 도전에 훨씬 잘 대비하고 훨씬 큰 성공을 거두지 않았을까? "한번 해봐. 넘어지는 걸 걱정하지 마. 자주 넘어지게 될 거야. 넘어지는 건 배움의 중요한 부분이란다. 네가 인생에서 얻는 가장 중요한 교훈들은 대부분 넘어지고 실수를 하면서 배우게 될 거야. 하지만 포기하지만 않는다면 너는 실수 때문에 실패하는 일은 결코 없단다."

불행히도 어린 시절에 이런 이야기를 들은 사람

은 거의 없다. 절대다수의 사람들이 안전지대에 머물도록 정신적으로 프로그래밍되었다.

하지만 어린 아기들은 타고난 위험 감수자다. 아기들은 걸음마를 배울 때 넘어지면 어떻게 될지 절대 생각하지 않는다. 걸음마를 배우면서 넘어지는 건 자연스러운 일로 받아들인다. 이것은 도박이 아니다. 아기들이 걷다가 넘어지지만 결국에는 걷는 법을 배우리라는 건 누구나 안다. 단지 넘어지고 실수하는 걸 피하려고 말이나 무수한 동작을 익히지 않기로 선택하는 아기가 있을까? 아기가 넘어질까봐 걸음마를 시키지 않는 부모가 있을까?

그런데 우리에게는 무슨 일이 벌어지는가? 어째서 우리는 어려운 길은 피하고 안전한 길로만 가려고 하는가? 우리가 목표에 도달하는 과정이 아기가 걸음마를 배우는 과정과 비슷하다는 것을 어째서 이해하지 못하는가? 배움의 과정에는 비틀거림과 넘어짐이 존재하기 마련이다. 이 모든 단계, 심지어 넘어질 수 있는 단계를 밟을 준비가 되어 있을 때만 성공에 이를 수 있다. 그러니 당신은 도전을 멈추지 말아야 한다.

어렸을 때 나는 학교에서 육상 경기에 참여했다.

내 특기는 장대높이뛰기였다. 내가 남들보다 그나마 잘할 것 같은 유일한 종목이었다. 그런데 시도할 때마다 가로대를 깔끔히 넘기보다 가로대에 부딪히는 경우가 더 많았다. 가로대에 걸려 떨어지면 나는 실패감에 사로잡혔다. 하지만 그런 나에게 누구도 다른 식으로 생각해보라고 조언을 해준 기억이 없다.

되돌아보면 분명히 그 시기는 선생님들이 내게 인생의 위대한 교훈을 알려줄 놀라운 기회가 될 수 있었다. 하지만 그런 일은 일어나지 않았다. 나는 오랜 세월이 흐른 뒤에야 어렵게 교훈을 얻을 수 있었다. 성공은 목표에 도달하는 것이 아니다. 성공은 목표를 향해 나아가는 과정이다.

장대높이뛰기를 하면서 가로대에 부딪혔을 때 나는 목표에 도달하려고 노력하는 과정에 있었다. 나는 몸을 뻗으며 내가 가진 모든 힘을 쏟아부었다. 그걸 실패라고 볼 수는 없었다. 가로대를 넘으려고 노력할 때마다 나는 친구들의 조롱을 무릅써야 했다. 나는 실수에 대한 친구들의 조롱이란 위험을 감수했고 친구들은 나를 비웃었다.

경기장을 달려가 장대를 짚고 몸을 솟구쳐 가로

대를 뛰어넘으려고 시도할 때마다 나는 나 자신에게 도전하고 있었다. 목표를 달성하려면 위험 감수는 필수며, 목표의 목적은 성장이다.

자기 자신에게 도전하는 건 자신의 진정한 모습을 찾아가는 과정이다. 가로대를 넘다가 부딪혀 떨어지면 적어도 하나는 알게 된다. 자신에게 도전하고 있다는 것을. 그럴 때 당신은 성공의 길로 나아간다.

동의하지 않겠지만 당신이 인생에서 얻는 결과는 당신의 지적인 정신이 내린 결정이 아니다. 당신의 행동과 결과는 길들여진 잠재의식conditioned subconscious의 표현이다. 너무나 오랜 세월 동안 한 세대에서 다음 세대로 안전지대에 대한 터무니없는 정보가 전해져 당신 성격의 일부가 되어버렸다. 그런 안전지대에 머물려는 당신의 프로그래밍된 생각이 행동을 낳고 그 행동이 결과를 낳는다.

우리 가운데 90퍼센트 이상이 남들의 사고방식과 행동방식에 따라 생각하고 행동한다. 지금 당장 변화하겠다고 결정하라. 바로 지금 이 순간부터 더는 안전지대에 머물지 않고 자유로워지겠다고 결정하라. 만일의 사태에 대비해야 한다는 생각 때문에 더는 자

당신의 행동과 결과는
길들여진 잠재의식의 표현이다.

유를 미루지 마라. 만일의 사태에 대비해 안전지대에 머무는 습관에 사로잡힌 사람들이 얻게 되는 건 만일의 사태뿐이다. 그런 습관은 이쯤에서 끝내자.

위험을 감수하라. 마음의 문을 열고 햇빛이 비치는 곳으로 나가라. 마법을 일으켜라. 이제 만일의 사태는 없다. 햇빛이 잠시 구름에 가리는 일은 있겠지만 만일의 사태는 더는 일어나지 않는다. 진정으로 성공한 삶을 꿈꾼다면 위험 감수는 당연한 수련의 일부로 받아들여야 마땅하다.

당신 자신을 알라

◇◇◇◇◇

최근에 편안히 자리에 앉아 완전히 긴장을 풀고 앞으로 인생에서 무엇을 할지 아이디어를 구상해본 적 있는가? 없다면 한번 해보라. 훌륭한 훈련이다. 이때 당신은 대단히 매혹적인 세계를 만나게 되며, 당신 안에 갇혀 있던 마법 같은 힘이 모습을 드러낼 것이다. 당신은 스스로 결정할 수 있고 내면의 목소리가 시키는 대로 할 수 있다. 당신을 가로막는 것은 정말 아무 것도 없다.

얼 나이팅게일의 동기부여 녹음물을 처음 들었을 때를 똑똑히 기억한다. 그의 말은 내 마음에 불을 지폈고 이 불은 날마다 더 밝게 타올랐다.

거기서 얼 나이팅게일은 한 농부의 이야기를 들려주었다. 들판을 걷고 있던 농부가 아래를 내려다보니 덩굴에 작은 호박이 달려 자라고 있었다. 그는 근처에서 발견한 작은 유리병에다 호박을 캐서 담았다. 호박은 자라나 작은 유리병 속 공간을 채웠다. 하지만 유리병 크기보다 더 크게 자랄 수는 없었다.

이 작은 호박과 같은 사람들이 너무 많다. 그들은 스스로를 제한한다. 그들은 위험을 무릅쓰기를 거부한다. 그들은 자신의 능력이 얼마나 대단한지 제대로 테스트하지 않는다.

내가 가장 좋아하는 작가 중 한 사람인 G. I. 구르지예프G. I. Gurdjieff는 이렇게 썼다.

인간이 내면의 노예가 되는 첫 번째 이유는 무지 때문이다. 특히 자신에 대한 무지가 스스로를 노예로

만든다. 자신을 알지 못하고 자신의 능력과 특성을 이해하지 못하면 자유로울 수 없다. 그런 사람은 자신을 통제하지 못한다. 영원히 노예로 남아 있을 것이며 자신에게 작용하는 힘의 노리개가 될 것이다.

그렇기에 모든 오래된 가르침에서 자유로워지기 위한 첫 번째 요구 사항은 자기 자신을 알라는 것이다. "너 자신을 알라." 이 조언이 당신을 자유롭게 만든다.

카드 게임에서 카드 5장을 받았다고 상상해보자. 카드들은 당신 앞 테이블에 놓여 있다. 하지만 카드를 들추어 앞면을 확인하기 전에는 당신이 어떤 카드로 게임을 할지 모른다. 인생은 카드 게임과 매우 닮았다. 당신의 앞면, 즉 내면을 보기 전에는 당신이 어떤 특성을 활용해 성공의 길을 가야 할지 모른다. 그러므로 '너 자신을 알라.'

윌리엄 펜 패트릭이 위험과 저항에 대해 남긴 놀라운 말을 다시 생각해보자.

사람이든 이상이든 제도든 모진 저항을 견디고 나서

야 비로소 위대해진다. 이를 이해하기 전에는 위대
함을 이룰 수 없다. 불행히도 보통 사람은 이러한 성
취의 법칙을 모른다.

탁월한 지혜의 말을 남긴 윌리엄 펜 패트릭을 잠
시나마 추억해볼 수 있어 감사하다. 수천 명의 남녀
는 패트릭이 남긴 교훈에 영감받아 그의 말을 삶의
지표로 삼는다. 그의 말이 당신의 잠재의식에 깊이
새겨질 때까지 자주 되새긴다면 당신 또한 영감을 받
을 것이다.

미스터 애버리지와 미즈 애버리지는 무지한 탓
에 위험 감수를 두려워하고 꺼린다. 아주 사소한 저
항조차 견디기 힘들어한다. 그들은 파문을 일으키거
나 비난받기를 원치 않는다. 비난 때문에 자신의 활
동이 저지당하고 행복에 이르지 못할 거라고 생각한
다. 하지만 진실은 정반대다.

유념하라. 우리가 위험을 감수하기 시작하면 가
장 먼저 사랑하는 사람들이 반대하고 나선다. 그들은
변화를 두려워한다. 변화는 미지의 세계를 마주하는
것이기 때문이다. 우리가 빠른 성취를 이루거나 빠른

발전을 위해 전념하기 시작하면 친구나 가족은 장애물을 가로놓는다. 그들은 부정적인 말과 행동으로 우리의 변화에 저항하기 시작한다. 우리가 현상 유지에 머물도록 갖은 방법을 동원한다. 그들은 우리에게 요구한다. "위험한 건 하지 마. 확실한 것만 해. 안전한 것만 하라고."

하지만 위대한 진보를 이루려면 위험을 감수해야 한다. 가까운 사람들의 저항에 맞서 이겨야 한다. 물론 어려운 일이다. 용기가 필요하다. 자신이 사랑하는 사람들을 기쁘게 해주고 싶지 그들에게 상처 주고 싶은 사람은 없으니까.

그런데 당신이 자신의 진정한 모습을 찾지 못하고 원하는 일을 하지 못할 때 오히려 사랑하는 사람들은 심각한 상처를 입는다. 당신이 삶에 대한 의욕을 잃기 때문이다. 당신의 성장 과정은 멈추고 자존감은 떨어진다. 하지만 당신이 물러서지 않고 위험을 무릅쓸 때 주변의 부정적인 의견은 달라질 것이다. 저항을 물리치고 과감하게 나아갈 때 당신이 사랑하는 사람들은 당신을 새로운 눈으로 보며 더욱 존중할 것이다.

역사의 기록을 보면 이를 증명하는 사건이 셀 수

없이 많다. 저항이 크면 그만큼 더 좋다. 그건 우리가 위대하다는 증거다. 저항이 클수록 우리는 위험을 감수하고, 저항을 물리치고, 정복하고, 지배할 힘을 얻는다.

그다음 몇 년 동안 찬란한 역사가 기록되고 우리의 삶의 방식이 영구히 뿌리를 내릴 것이다. 우리 자녀를 위해, 우리 자신을 위해, 위대한 세계를 위해, 온 인류를 위해 꿈이 실현될 자유가 영원히 자리 잡을 것이다. 우리가 치르고 있는 전투를 이해하라. 당신이 역사를 만드는 일에 한몫하고 있음을 기뻐하라. 오늘 당신이 하는 일이 앞으로 태어날 수많은 이들에게 새로운 자유와 희망을 안겨줄 수 있다.

감히 위대한 일을 하라

◇◇◇◇◇

인생에서 당신이 어디쯤 이르렀는지를, 당신이 누리고 있는 성공을 생각해보라. 무엇이 당신을 지금 그 자리에 이르게 했는가? 지금 자리에 있게 해준 것이

위험을 감수하며 계속 도전하라

103

무엇이든 그것만으로는 지금 그 자리에 계속 머무는 데 충분하지 않다. 성장에는 막다른 길이 없다. 누구나 끝없이 성장할 수 있다. 당신이 계속 성장한다면 위험과 저항은 절대 끝나지 않는다. 그리고 당신은 성장하거나 퇴보하거나 둘 중 하나다.

성공한 사람이 자기 커리어에서 정점에 올랐다가 추락하는 광경을 얼마나 많이 목격했는가? 당신은 자신이 도달한 위치를 뛰어넘어 성장하고, 변화하고, 확장할 새롭고 더 나은 방법을 계속 찾아야 한다. 그런 방법을 계속 추구하고 실천해야 한다. 위험을 무릅쓰는 일을 멈추지 말아야 한다.

내가 여기서 말하는 변화는 변화 자체를 위한 변화가 아니라 성장을 위한 변화다. 변화하고, 위험을 감수하고, 발전하고, 성장한다면 변화의 크기는 중요하지 않다. 개인 생활과 비즈니스에서 긍정적이고 역동적인 전진을 계속하려면 달려갈 수 있는 진로가 필요하다. 마음속을 꿰뚫는 예리하고 깊이 있는 질문을 스스로 자주 던져 끊임없이 자신을 점검해야 한다. 이런 질문에 솔직하게 답하면 자신의 삶이 크게 달라질 수 있음을 깨닫게 될 것이다. 당신에게는 잠재력의 무한한 원천과 더불어 위대한 존재로 발전하고 진정으로 중요한 일을 해낼 수 있는 재능과 능력이 있다.

조지 버나드 쇼George Bernard Shaw는 말했다.

인생의 진정한 기쁨은 자신이 가장 위대하다고 생각하는 목적에 자기 자신을 사용하는 것이다. 세상이 나를 행복하게 만들어주는 데 전념하지 않는다며 불평하고 흥분하는 이기적이고 보잘것없는 질병 덩어리가 되는 대신 자연의 힘이 되는 것이다.

이 명언을 직장이나 집, 학교를 비롯한 모든 곳에 걸어놓아야 한다. 버나드 쇼의 말대로 만족스러운 삶을 사는 진정한 열쇠는 위대한 일을 하는 데 있다. 그리고 위대한 일에는 언제나 많은 위험이 뒤따른다.

오래전 시카고에서 얼 나이팅게일과 함께 일할 때 들었던 이야기가 기억난다. 얼은 우리가 주최한 모임에서 강연을 했다. 그는 우리가 어느새 여가를 신성시하는 지경에 이르렀다고 말했다. 그는 그게 다소 슬프다고 했다. 우리의 진정한 기쁨은 여가가 아니라 노동에서 비롯되기 때문이다. 일은 우리를 위해

위험을 감수하며 계속 도전하라

안전지대에서 벗어나라.
지금 당장 그렇게 하라.

존재한다. 우리가 일을 위해 존재하는 게 아니다.

생각해보라. 정말 진지하게 생각해보라. 엄청난 위험을 헤치고 나갔을 때 항상 가장 큰 만족감을 느낀다. 중요한 일을 하겠다고 오늘 결심하라. 안전지대에서 벗어나라. 지금 당장 그렇게 하라.

위험을 생각하면 두려워질 수 있다. 겁이 날 수 있다. 하지만 겁나는 게 잘못된 것이 아님을 알아야 한다. 누구나 때때로 두려움에 휩싸이기 마련이다. 하지만 절대로 두려움 때문에 물러서거나 멈춰서는 안 된다.

흔히 어떤 사람들은 어둠을 두려워한다. 또 어떤 사람들은 낯선 사람 만나기를 겁낸다. 이런 모습은 바보 같아 보일 수 있고, 실제로 그런 일에 겁을 내는 건 어리석다. 그럼에도 두려움은 어쩔 수 없는 현실이다. 알지 못하면 두려운 법이다. 오늘날 일자리를 잃을까봐 또는 사업이 망할까봐 두려워하는 사람이 수두룩하다.

그럼 두려울 때는 어떻게 해야 할까? 나는 어느 잡지에서 멋진 조언을 발견했다.

두려우면 그냥 두려운가보다 하라.

맞다. 두려우면 그냥 두려운가보다 하면 된다. 두려움이라는 부정적인 악마가 당신을, 당신의 감정을, 당신의 행동을 지배하는 것을 허용하지 마라.

엘리너 루스벨트Eleanor Roosevelt는 말했다.

두려움과 똑바로 마주하라. 그러면 그 모든 경험에서 힘과 용기, 자신감을 얻을 것이다.

그녀의 조언을 따를 때 두려움이 유발한 주체할 수 없는 감정에서 벗어나 자유로워질 것이다.

"머릿속으로 생생하게 시각화하는 것은 무엇이든 이룰 수 있다." 이 말을 경이로운 힘을 가진 정신에 깊이 새겨라. 당신이 부모라면 이 개념을 자녀들의 마음에 깊이 심어주라. 자녀들이 자라면 당신에게 백만 번도 넘게 감사를 표할 것이다. 자녀의 자녀들 또한 그럴 것이다.

아이들을 양육하는 일과 관련해 잊지 말아야 할 것이 있다. 대부분의 부모가 아이들에게 쓰는 말이 있다. 얼마나 자주 하는지 아이들이 자기네 잠재의식의 보물창고에 가져다 저장할 정도다. 이 말은 바로 '할 수 없다can't'다. 다른 어떤 말보다 이 말이 유발하는 피해가 가장 심각하다. '할 수 없다'란 말은 건설적인 사고 과정을 마비시킨다. 이 말은 당신의 정신을 부정적인 주파수로 바꾼다. 이 말 때문에 당신의 정신은 끝없는 핑계의 강으로 흘러간다. 이루고 싶은 일을 왜 할 수 없는지 합리화하는 논리적이고 현실적인 이유에만 마음을 열게 된다.

이 말에 맞서는 유일한 대안은 반대말인 '할 수 있다I can'다. '할 수 있다'가 IQ보다 훨씬 더 중요하다. 꼭 똑똑해야만 성공하는 건 아니다. 하지만 성공하려면 기꺼이 해내겠다는 적극적이고 열정적인 의지가 있어야 한다.

1. 위험을 감수하라. 인생에서 가장 큰 위험은 아무런 위험도 감수하지 않는 것이다.

2. 위험을 감수하지 않으면 고통과 슬픔은 피할 수 있을지언정 배우고, 느끼고, 변화하고, 성장하고, 사랑하며 살아갈 수는 없다.

3. 위험을 무릅쓰는 사람만이 자유로워진다.

4. 위험은 도박과 같은 말이 아니다.

5. 당신의 흔들리지 않는 신념은 무엇인가? 그 신념을 인식하고 거기에 따라 살아야 한다.

6. 위험이 당신을 손실 가능성에 노출시킨다면 반대의 법칙에 따라 당신은 승리의 가능성에도 노출된다.

7. 큰 나무도 시작은 작은 씨앗이었다.

8. 포기하지만 않으면 실수 때문에 실패하는 법은 없다.

9. 성공은 목표에 도달하는 것이 아니다. 성공은 목표를 향해 나아가는 과정이다.

10. 만일의 사태에 대비해 안전지대에 머무는 습관에 사로잡힌

사람들이 얻게 되는 건 만일의 사태뿐이다.

11. 구르지예프는 "인간이 내면의 노예가 되는 첫 번째 이유는 무지 때문이다. 특히 자신에 대한 무지가 스스로를 노예로 만든다"라고 말했다.

12. 사람이든 이상이든 제도든 모진 저항을 견디고 나서야 비로소 위대해진다.

13. 우리가 위험을 감수하기 시작하면 사랑하는 사람들이 먼저 반대하고 나선다.

14. 위험을 감수하고 저항을 물리치면 당신이 사랑하는 사람들은 당신을 새로운 눈으로 보고 더욱 존중하게 된다.

15. 지금 자리에 있게 해준 것이 무엇이든 그것만으로는 지금 그 자리를 계속 유지하는 데 충분하지 않다.

16. 조지 버나드 쇼는 "인생의 진정한 기쁨은 자신이 위대한 목적이라고 생각하는 일에 자기 자신을 사용하는 것이다"라고 말했다.

17. 얼 나이팅게일은 "우리가 어느새 여가를 신성시하는 지경에 이르렀다"라고 말했다. 그는 그게 다소 슬프다고 말했다. 우

리의 진정한 기쁨은 여가가 아니라 노동에서 비롯되기 때문이다.

18. '머릿속으로 생생하게 시각화하는 것은 무엇이든 이룰 수 있다.' 이 말을 경이로운 힘을 가진 정신에 깊이 새겨라.

19. '할 수 없다'라는 말은 건설적인 사고 과정을 마비시킨다. 그 말을 반대말인 '할 수 있다'로 대체하라. 이 말이 IQ보다 훨씬 더 중요하다.

20. 헬렌 켈러는 우리에게 주옥같은 진리를 남겼다. "안전은 신화다. 인생에 일련의 위험이 없다면 그 인생은 아무것도 아니다."

CHAPTER 04

끈기

끈기가 당신을 최고로 만든다

뛰어난 능력도
끈기가 없다면 무용지물이다

◇◇◇◇

1953년 뉴질랜드 오클랜드의 한 양봉가는 세계적으로 유명해지면서 명성과 부를 동시에 얻었다. 바로 에드먼드 힐러리 경Sir Edmund Hillary 이야기다. 그와 현지 가이드 텐징 노르게이Tenzing Norgay 두 사람은 에베레스트산에 오른 후 무사히 돌아온 최초의 인물이었다. 앞선 2번의 시도가 실패한 후 이룬 성과였다. 이 성과로 힐러리는 엘리자베스 여왕Queen Elizabeth에게 기사 작위를 받았다.

힐러리가 정상에 오를 수 있었던 건 2가지 강점

덕분이었다. 바로 비전과 끈기persistence였다. 끈기가 없었다면 그가 아무리 뛰어난 능력이 있었어도 아무 소용 없었을 것이다. 이런 자질과 특성이 당신이 산 정상에 오르는 데 똑같이 필요하다. 우리는 날마다 산을 마주한다. 그리고 선택지는 단 2가지, 산에 오르느냐 아니면 산기슭에 머무느냐. 성공한 사람에게 산에 오르는 데 절대적으로 필요한 특성을 하나 꼽으라면 누구나 끈기를 꼽을 것이다.

산기슭에 머물러 있는 사람은 이런 강점을 키워야겠다는 결정을 절대 하지 않는다. 그들은 최고가 되기를 꿈꾸며 명성과 부를 얻기를 원한다. 하지만 명성은 내게 매달리는 구혼자와는 다르다. 높은 대가를 지불해야만 명성을 얻을 수 있다. 산기슭에서 무리를 지어 어슬렁거리는 가여운 사람들은 높은 대가를 치르기를 거부한다.

나폴레온 힐은 저서 《생각하라 그리고 부자가 되어라Think and Grow Rich》에서 이렇게 썼다.

끈기라는 단어에 영웅적인 의미는 들어 있지 않다.
하지만 탄소가 강철이 되듯 끈기라는 특성이 인간의

강인함을 만든다.

힐의 말이 옳다. 끈기는 독특한 정신적 힘이다. 쉴 새 없이 급변하는 세상에서는 성공으로 가는 길목마다 무수한 거절과 장애물이 버티고 있다. 그런 모진 저항과 싸우는 데 꼭 필요한 힘이 끈기다.

탁월한 성공을 거둔 남성과 여성의 전기가 수백 편에 달한다. 그들은 역사에 자신의 발자취를 남김으로써 다른 사람이 따라올 길을 개척했다. 이 위대한 사람들은 하나같이 끈기가 있었다. 그들을 다른 사람들과 구별하는 단 하나의 특성을 언급하라면 그건 끈기다.

꿈이 언제나 승리한다

◇◇◇◇◇

벤 호건Ben Hogan을 생각해보자. 그는 체중이 불과 61 킬로그램이었다. 하지만 그의 작은 체구는 끈기로 가득 차 있었다. 가난한 집안에서 태어난 벤은 어린 시절 골프장에서 캐디를 하며 돈을 벌었다. 이때 벤에게 꿈이 생겼다. 그는 위대한 골프 선수가 되고 싶었다. 엄청난 노력과 연습, 끈기를 통해 그는 세계 최고의 골프 선수가 되었다. 1948년 그는 US 오픈 챔피언십에서 우승했다.

그런 성과를 이루며 벤은 세계적으로 유명해졌다. 하지만 그에게는 넘어야 할 산이 남아 있었다. 다음 해 벤은 버스와 정면충돌하는 끔찍한 교통사고를 당했다. 그는 버스가 돌진하는 것을 보았지만 피하지 못했다. 벤의 옆자리에는 아내가 앉아 있었다. 벤은 아내를 보호하려고(그리고 보호했다) 자신의 몸으로 아내를 감쌌다. 벤의 몸은 다 부서지고 말았다. 사고현장에 도착한 경찰은 벤이 사망했다고 생각했다. 골프채를 비롯한 사고 잔해들이 고속도로 여기저기 사방에 흩어져 있었다.

경찰이 벤을 구급차로 옮길 때 벤의 아내는 경찰에게 골프채를 주워다 줄 수 있는지 물었다. 경찰은 아내를 바라보며 말했다. "아주머니, 남편분에게는 골프채가 더는 필요 없을 겁니다." 그러자 아내는 경찰에게 주저 없이 말했다. 지금 구급차로 옮긴 사람

118

이 누구인지 전혀 모르고 하는 말이라고.

병원으로 이송되었을 당시 벤은 목숨은 붙어 있었지만 살 가망이 없었다. 미국 최고 의료진이 그를 수술하기 위해 비행기를 타고 왔다. 의료진은 벤이 설령 목숨은 건진다 해도 다시 걷는 건 불가능하다고 생각했다.

하지만 그건 의료진의 생각이었지 벤의 생각은 아니었다. 벤은 자기 골프채를 볼 수 있게 병실에 갖다달라고 했다. 그리고 침대 위로 운동 막대를 설치해달라고 요구했다. 몸을 일으키기는커녕 두 팔을 움직이지조차 못했는데 말이다. 병원 직원들은 그저 벤의 기분을 풀어주려고 운동 막대를 설치해주었다. 그들은 벤이 불쌍하다고 생각했다. 부정적인 생각 대 소원과 꿈, 끈기의 대결이었다. 이제 당신은 무엇이 이길지 안다. 당연히 꿈이 언제나 승리한다.

사고 후 1년이 지났다. 대회에 다시 참가한 벤 호건은 폭우가 휘몰아쳐 많은 선수가 탈락하는 상황에서 최정상급 선수인 샘 스니드Sam Snead와 동타를 기록했으나 연장전 끝에 아쉽게 패했다. 벤 호건은 사고를 당한 후 나선 주요 대회에서 54회 우승을 차

지함으로써 골프 역사에 자신의 이름을 남겼다.

벤 호건이 꿈이 있었기 때문에 성공했다고 하는 건 너무 단순한 말이다. 벤의 꿈은 집착이 되었다. 벤은 꿈을 이용하지 않았다. 골프에 입문한 초기에는 그랬겠지만 그런 기간은 그리 길지 않았다. 오히려 꿈이 벤을 이용했다. 위대한 심리학자 알프레드 아들러Alfred Adler는 이렇게 밝혔다.

나는 나를 이용한 아이디어에 감사한다.

벤 호건이라는 존재를 이루는 모든 세포에 끈기가 가득 차 있었다. 그의 소원이 그만큼 강했기 때문이다. 끈기가 핵심 중 핵심이다. 끈기가 당신을 최고로 만들어줄 것이다. 이를 정신에 새겨두어야 한다. 끈기가 당신에게 세계 최고의 성과를 안겨줄 것이다.

여러 해 전 나는 텍사스 포트워스에서 사업가들을 대상으로 강연을 했다. 모임이 열린 곳은 콜로니얼 골프 컨트리클럽Colonial Golf and Country Club이었는데 벤 호건의 홈 클럽이었다. 나는 강연 전에 벤이 끔찍한 사고를 당한 후 받은 54개의 트로피를 볼 수 있는 행운을 얻었다. 그곳에 전시된 트로피들은 마음이 약해진 사람에게 용기를 북돋아준다. 강인한 정신력이 떠오르면서 힘을 얻게 해준다.

끈기가 얼마나 대단한 일을 할 수 있게 해주는지 제대로 보여주는 또 한 사람은 고인이 된 찰리 보즈웰 Charley Boswell이다. 찰리는 앨라배마주 버밍엄 출신의 사업가이자 세일즈맨, 작가, 골프 선수였다. 그는 수많은 국내와 국제 골프 대회에 참가했다. 그런데 그에게는 남다른 특징이 있었다. 그는 시각장애인이었다. 그렇다. 찰리는 2차 세계대전 중 불타는 탱크에서 동료를 구출하려다 탱크가 폭발하는 바람에 시각을 잃었다. 세일즈. 골프, 글쓰기 모두 이 비극적인 사고를 당한 이후 시작한 일이었다. 찰리 보즈웰은 정말이지 끈기로 똘똘 뭉친 사람이었다. 그렇지 않은가?

끝까지 밀고 나가라

◇◇◇◇

배우라면 누구나 스타가 되기를 꿈꾼다. 하지만 그들

121

은 자신의 앞길을 좌지우지할 수 있는 변덕스러운 감독이나 기획사를 만난다. 그런데 변덕스러운 감독이나 기획사도 우주의 법칙에 지배받기 마련이다. 당신이 연예인이라면 이 놀라운 진리를 마음 깊이 새겨야 한다. 목표를 향해 가는 길에서 그런 피할 수 없는 산이 나타날 때 포기할지 아니면 계속 갈지는 오로지 당신 혼자 결정해야 한다.

어떤 분야든 사업가와 세일즈맨이 있다. 스타 사업가 1명당 아마추어 사업가는 20명이다. 그리고 세일즈맨 중 20퍼센트가 계약의 80퍼센트를 따낸다. 당신은 어디에 속할 것인가? 놀랍게도 당신 결정에 따라 당신이 어디에 속할지가 달라진다.

당신이 생각하고 믿는 것이 무엇이든 끈기 있게 달성해야 한다. 당신이 사업가든 아니든 가장 많은 이익을 얻는 집단에 속하겠다고 지금 당장 결정하라.

성공의 대열에 합류하려면 지금 이 순간 끈기 기르는 훈련을 시작해야 한다. 끈기를 최고의 정신 근육으로 연마하라. 끈기는 다른 특성으로 대체될 수 없다. 아무리 뛰어난 자질이 있어도 끈기의 자리를 대신하지 못한다. 높은 교육 수준이나 철저한 계획,

매력적인 성격은 끈기를 대신하지 못한다. 끈기를 발휘해야만 자기 분야에서 리더가 될 수 있다.

여러 해 전에 이 점을 완벽하게 설명한 글을 보았다. 캘빈 쿨리지Calvin Coolidge가 쓴 〈끈기〉라는 글인데 여기서 소개해보겠다.

이 세상 어떤 것도 끈기를 대신할 수 없다. 재능도 대신하지 못한다. 재능이 있어도 성공하지 못한 사람이 얼마나 많은가? 천재성도 대신하지 못한다. 천재성이 쉽게 빛을 보지 못한다는 것은 잘 알려진 사실이다. 교육도 대신하지 못한다. 이 세상에는 교육을 받은 낙오자로 가득하다. 오로지 끈기와 결정만이 무엇이든 이룰 수 있다. '끝까지 밀고 나가자'라는 슬로건이 인류의 문제를 해결해왔고 앞으로도 그럴 것이다.

산을 정복할 생각은 하지 않고 산기슭에서 끝없이 방황하는 사람은 자신과 다른 사람에게 거짓말을 해왔다고 나는 생각한다. 그들은 너무 자주, 그리고 너무 오랫동안 거짓말을 해서 자신이 무엇을 하고 있는지 더는 인식조차 하지 못한다. 그들은 결과에 만족한다고 말한다. 그들은 산에 오르는 일이 자신에게는 중요하지 않다고, 지금처럼 지내는 것도 괜찮다고 말할 것이다.

하지만 그들은 몇 년 전 남몰래 산에 오르기 시작했다가 겁을 집어먹었을 가능성이 크다. 그들은 두려움이라는 장벽에 부딪혔고 곧장 안전지대로 후퇴했을 것이다. 그 뒤로 잘못된 핑계를 대며 몸을 숨기고 있다. 그들은 이런 말로 자신의 보잘것없는 성과를 합리화한다. "내가 왜 전력을 다해야 해? 그러면 사장이 더 많은 걸 요구할 거야."

이렇게 생산적이지 않고 실력 없는 사람들은 길을 잃고 만다. 기껏 앞으로 간다고 해봐야 엉뚱한 길로 가기 일쑤다. 그들이 정신 차리게 도울 수 없다면 그들을 멀리하라. 그들은 자신이 판 함정에 당신까지 끌어들이려고 든다. 그런 일은 어떻게든 피해야 한다. 그런 가련한 사람들을 만나게 되면 그들을 방아쇠 삼아 당신의 끈기를 2배로 키워라.

당신이 원하는 것과
사랑에 빠져라

◇◇◇◇◇

《웹스터 사전》에서는 끈기를 이렇게 설명한다. "지속하는 태도, 특히 반대나 어려움에도 불구하고 지속하는 태도." 하지만 여기에는 빠진 부분이 있다. '어떻게'다. 어떻게 끈기를 기를 것인가?

달걀이 닭이 되듯 끈기는 성공을 이루는 필수 요소다. 하지만 끈기가 저절로 생기는 법은 없다. 끈기는 타고나는 게 아니며 물려받을 수도 없다. 온 세상을 뒤져봐도 당신을 대신해 끈기를 키워줄 수 있는 사람은 찾을 수 없다.

궁극적으로 끈기는 삶의 방식이 된다. 하지만 삶의 방식을 통해 끈기가 저절로 자라는 건 아니다. 끈기라는 정신력을 키우려면 우선 뭔가를 간절히 원해야 한다. 그것이 불타오르는 열정이 될 정도로 강렬한 소원을 가져야 한다. 소원을 이루겠다는 생각과 사랑에 빠져야 한다. 그렇다. 말 그대로 사랑에 빠져야 한다.

125

뭔가를 이루고 싶다는 소원에서 헤어나오지 못해야 한다. 그러면 끈기는 자연스럽게 생긴다. 포기하겠다는 생각 자체가 끔찍해질 것이다. 당신의 꿈을 꺾거나 방해하려는 사람, 심지어 당신에게 꿈을 천천히 이루어도 된다고 말하는 사람은 당신의 반격을 받게 될 것이다. 꿈을 이루는 과정에서 어려움과 장애물, 산이 나타나지 않을 리 없다. 분명히 자주 나타날 것이다. 하지만 끈기만 있다면 그런 문제들이 나타날 때마다 물리치게 될 것이다.

자기계발서를 읽거나 동기부여 오디오를 듣거나 성공학 세미나에 참석해보면 결정을 내려야 하는 갈림길에 설 시점이 온다는 것을 알게 된다. 당신의 결정은 무엇인가? 당신은 마음속 깊은 곳에서 진정으로 원하는 것을 결정해야 한다. 그렇지 않으면 산기슭에서 패배자들의 무리에 섞이게 될 것이다.

나는 성인이 된 이후로 이 주제를 계속 연구해왔다. 그래서 확실하게 아는 한 가지를 알려줄 수 있다. '이게 내가 원하는 거야. 내가 정말로 원하는 건 이거야. 나는 여기에 내 인생을 바칠 준비가 되어 있어'라고 스스로 인정하는 사람은 극히 드물다는 것이다.

자신이 원하는 일에 인생을 바칠 준비가 된 사람이 거의 없다는 말에 당신은 어쩌면 자리에서 일어나 "잠깐만요"라며 이의를 제기할지 모른다. 상관없다. 하지만 이 점에 대해 당신은 진지하게 생각해봐야 한다. 당신은 현재 하고 있는 일에 이미 인생을 바치고 있기 때문이다. 당신은 무슨 일을 하고 있는가? 당신의 삶을 무엇과 교환하고 있는가? 합당한 거래를 하고 있는가?

정상은 당신 것이다

◇◇◇◇◇

당신이 무슨 일을 하고 있든 그건 당신의 결정이었다는 것을 기억하라. 사람들은 어디로 갈지, 무엇을 할지 자신의 삶에 관한 결정을 다른 사람에게 맡겨버리는 결정을 내린다. 그리고 그저 군중을 따른다. 그렇게 다수를 따라다니다 산기슭에서 방황한다. 당신도 그런 가련한 사람 중 하나가 될 수 있다. 대부분의 사람들이 그렇게 산기슭에서 방황하며 살아간다.

혹시 당신도 그런 사람인가? 괜찮다. 신경 쓰지 마라. 그것 때문에 인생의 소중한 1분 1초를 낭비하지 마라. 당신 자신과 그런 삶의 방식을 용서하라. 그리고 지난 세월을 그냥 흘려보내라. 끈기에 관한 내 메시지를 경고의 종으로 여겨라. 그러면 산기슭에서 벗어나 산꼭대기, 가장 높은 정상에 이르는 데 도움을 얻을 것이다.

내가 말한 끈기에 관한 교훈은 케이블카가 아니다. 내 말만 들었다고 해서 산에 쉽게 올라갈 수 있는 게 아니라는 이야기다. 피할 수 없는 문제들이 계속 닥칠 것이다. 하지만 끈기에 관한 메시지를 잘 경청하면 틀림없이 산 정상에 오르는 일이 아주 즐거워질 것이다. 강인한 태도와 확신 또한 더욱 커진다.

당신은 정상에 오르리라는 진실을 알게 될 것이다. 정상은 당신 것이다. 정상에서 바라보는 풍경은 얼마나 황홀한가. 정상까지 가는 길에서 얼마나 많은 어려움에 직면했든 정상에 서는 순간 충분한 보상을 누린다.

정상과 끈기와 관련해 에드먼드 힐러리를 다시 생각해보자. 그는 자신의 목표에 대해 어떤 종류의 열정을 느꼈을까? 틀림없이 그는 에베레스트산에 오르기를 진정으로 원했을 것이다. 그가 자신의 몸과 정신에 얼마나 가혹하게 굴었을지 생각해보라. 분명히 그는 자신이 원하는 것을 얻기 위해 목숨을 바칠 준비가 되어 있었다. 역사 기록을 보면 에베레스트산 등반을 진지하게 시도한 많은 사람이 그 과정에서 비참한 실패를 경험하거나 비극적으로 목숨을 잃었다.

사람들은 대부분 힐러리와 그의 탐험에 대해 생각하면서 "그는 어떻게 해마다 계속 등반을 할 수 있었을까?" 하고 묻는다. 힐러리가 '원했기' 때문이다. 그 소원이 그를 계속 산으로 보냈다. 소원 때문에 그는 끈기를 발휘했다. 힐러리의 마음 깊은 곳에서는 진정한 소원이 불타올랐다. 등반을 포기하는 건 상상조차 못 할 정도로 그는 등반을 강렬히 원했다.

그 소원을 이해하지 못하는 사람은 흔히 이런 질문을 한다. "이유가 뭐죠? 그걸 왜 원하는 건가요?" 힐러리는 이유를 알지 못했다. 알아야 할 필요도 없었다. '왜'는 중요하지 않았다. '소원'만이 중요했다. 끈기 있는 사람은 자신이 '왜' 원하는지 절대 모른다. 그들이 유일하게 아는 건 자신이 원한다는 것과 원하

원하는 것을 얻으려면
행동해야 하고, 행동하려면
원하는 것을 얻은 사람처럼
되어야 한다.

는 걸 얻어야 한다는 것뿐이다.

원하는 것을 얻으려면 행동해야 하고, 행동하려면 원하는 것을 얻은 사람처럼 되어야 한다. 끈기 있는 사람들의 소원이 그만큼 크기 때문에 그들은 자신의 소원이 살아 숨 쉬는 현실이 될 때까지 원하는 것을 얻은 자신의 모습을 계속 상상한다. 우리 삶에서 창조의 과정은 바로 이런 단계에 따라 작동한다. 그렇게 힐러리는 산악인이 되었다.

우리가 인생에서 맞닥뜨리는 많은 의문은 영이 안겨주는 축복이다. 이 의문들은 영이 우리를 완벽한 도구로 바꾸기 위해 사용하는 방식으로, 이를 통해 우리는 영이 자신의 모습을 드러낼 수 있는 완벽한 통로가 된다.

영은 언제나 확장되고 온전히 표현된다. 당신의 본질은 영적인 존재다. 영은 당신의 의식에 대고 말한다. "이봐, 이것에 대한 소원을 키워봐. 간절히 원해봐. 네가 정말 절실히 원하면 위대한 일을 해낼 수 있는 사람으로 성장할 거야"라고. 당신은 원하는 것은 무엇이든 얻을 자격이 있다.

평범한 사람이
비범한 일을 할 수 있는 이유

⬥⬥⬥⬥⬥

평범한 사람이 비범한 일을 할 수 있는 건 이 때문이다. 잘 들어보라. 당신이 듣게 될 진리 중 가장 탁월하고 가장 큰 자유를 안겨주는 진리의 말일 테니. 평범한 사람은 자신이 원하는 것을 의식적으로 인식했기 때문에, 그리고 꿈을 억누르고 무시하지 않았기 때문에 비범한 업적을 세웠다. 그들은 실패와 거절, 파산, 죽음이 정면에서 그들을 노려보고 있어도 꿈을 놓지 않았다.

이렇게 해야 한다. 그러지 않으면 평범한 사람은 절대 비범한 일을 하지 못한다. 간절히 원하지 않으면 끈기를 나타내지 못한다. 비범한 일을 해낸 평범한 사람은 소원의 힘과 끈기의 강력함 덕분에 전에는 자신에게 있는지조차 몰랐던 놀라운 힘을 끌어낼 수 있었다. 그들은 자신 안에 있는 위대함을 드러냈다.

소원이 불타지 않으면 처음 장애물을 만나는 순간 포기하게 될 것이다. 끈기를 발휘하려면 제대로 된 크기의 소원이 필수적이다. 소원이 있으면 자동차나 집, 돈 같은 건 자연스럽게 얻게 된다. 하지만 그런 것들은 진정한 성공이 아니다.

나는 벤 호건과 에드먼드 힐러리 같은 사람을 생각할 때마다 놀라운 업적을 달성한 또 다른 평범한 사람의 말이 떠오른다.

원대한 꿈을 품으면 현실은 중요하지 않다.

샘 칼레누이크Sam Kalenuik가 한 말이다. 샘은 자신이 무엇을 말하는지 알고 있다. 샘은 훌륭한 사람이다. 그는 매톨 보태니컬 인터내셔널Matol Botanical International의 공동 회장이자 내가 아는 최고 부자 중한 사람이다. 잊지 마라. 누군가가 당신에게 심각하고 나쁘고 부정적인 현실을 말하며 당신의 내면에서 울리는 소명을 방해할 때, 그냥 그 사람에게 미소를 지어 보이면서 마음속으로는 샘의 말을 기억하라. 그런 다음 끈기 있게 계속 전진하라.

아이디어나 소원, 꿈에 깊이 사로잡히면 어떻게 끈기가 자연스럽게 길러질 수 있을까? 나폴레온 힐이 잘 설명해주었다. 그에 따르면 아이디어나 소원이 생기면 처음에는 당신이 그것을 구슬리고 보살펴서 살아 있게 만들어야 한다. 하지만 시간이 지나면서 아이디어나 소원이 점차 스스로 힘을 길러 모든 반대를 물리친다. 그다음에는 아이디어와 소원이 당신을 구슬리고 보살피며 목표를 향해 밀어준다.

힐은 정신에 떠오른 생각은 다 이와 비슷하다고 계속 설명했다. 생각은 그 생각을 낳은 물리적인 두뇌보다 더욱 강력하다. 생각은 생각을 만들어낸 물리적인 두뇌가 재로 변한 이후에도 오랫동안 살아남을 힘을 지녔다.

이것이 바로 벤 호건에게 일어난 일이다. 만약 벤이 현실을 있는 그대로 받아들였다면 그에게는 선택의 여지가 없었을 것이다. 사고를 당하기 몇 년 전 벤의 의지는 세계에서 가장 훌륭한 골프 선수가 되겠다는 생각에 집중되었다. 그 무엇도, 심지어 비극적인 교통사고도 벤이 그 꿈을 놓아버리게 만들 수 없었다. 그의 온 정신은 꿈을 물리적인 형태로 바꾸기 위한 행동을 하는 데 초점을 맞추고 있었다.

진짜 문제는 소원 부족이다

◇◇◇◇◇

당신은 원하는 것을 결정했는가? 당신의 소원은 벤 호건처럼 강력한가? 소원이 강력하지 않다면 끈기를 키우려는 노력은 시간 낭비일 뿐이다. 강력한 소원이 없다면 삶의 문제들 앞에서 당신은 무릎을 꿇고 말 것이다. 살면서 닥치는 문제는 무수히 많다. 문제들은 자주 생기고 종종 해결하기 힘든 엄청난 문제도 닥친다. 하지만, 그렇다, 우리에게는 '하지만'이 있다. 원대한 꿈을 품으면 문제를 물리칠 수 있다. 현실은 중요하지 않다.

끈기가 벤 호건에게 어떤 역할을 했는지 생각해 보라. 끈기는 벤의 목숨을 구했다. 그에게 새로운 인생을 주었다. 끈기는 당신의 목숨도 구하고 새로운 인생도 줄 것이다. 혹시 끈기가 없는가? 그렇다면 십중팔구 소원이 작은 것이다. 소원이 강력하지 않으면 끈기를 나타내기 어렵다. 아마 이게 당신의 문제일 수 있다. 주변을 둘러보라. 많은 사람이 같은 문제를 겪고 있다.

135

끈기가 부족하다면 진짜 문제는 따로 있다는 증거다. 진짜 문제는 소원 부족이다. 소원과 끈기 이 2가지를 동시에 우선순위에 두어야 한다. 그러지 않으면 당신의 삶은 끝없이 펼쳐지는 바다가 아니라 길가의 개천과 같아진다. 당신은 얕은 물에 사는 피라미 같은 존재로 전락하고 말 것이다.

나는 당신이 삶의 얕은 물에서 나와 깊은 바다로 들어가도록 안내하고 싶다. 깊은 바다에서는 장관을 이루는 광경을 볼 수 있다. 그곳에서 만나는 사람들은 하나같이 뛰어나다. 그들은 목표에 집중하고 역동적이며 창조적이다. 그들의 에너지는 뜨겁게 불타오른다.

끈기가 있으면 당신 내면에 숨어 있던 힘이 모습을 드러낼 것이다. 그러면 평범한 구혼자와 달리 명성은 어떻게 해서든 당신 전화번호를 알아내 당신을 만나러 올 것이다. 명성 다음에는 부가 당신을 찾아온다.

끈기를 발휘하면 저항을 이길 수 있다. 산기슭에 머무는 가련한 사람들은 이 진실을 배우지 못했다. 그들에게는 저항이 쉴 새 없이 불어닥친다. 그래

끈기가 없는가?
그렇다면
십중팔구 소원이 작은 것이다.

서 그들은 늘 우는소리만 하고 남 탓하기 바쁘다. 이런 태도가 진짜 문제 중의 문제라는 것을 그들은 알지 못한다. '어떻게 하지? 안 될 거야'라는 패배주의 때문에 그들은 일을 성공시킬 때까지 끈기를 발휘하지 못한다. 그들은 포기하고 만다. 그리고 패배한다. 산기슭에 머무는 가련한 사람들은 성공의 영광, 그 달콤한 보상을 절대 맛보지 못한다. 그들이 보상받는 일은 절대 없다.

그들에게 물어보라. 그들은 자신이 언제나 이용만 당한다고 말할 것이다. 산기슭에 머물면서 "나만 불쌍해"라고 말하는 사람들은 자신의 내면을 들여다보지 않는다. 외부에서 일어나는 일에 휘둘려 기진맥진해지기 때문이다. 그들은 다른 사람들이 일으킨 문제들에 휘둘리는 삶을 산다.

산기슭에 머무는 사람들이 나를 똑바로 바라보며 이렇게 말한 적 있다. "프록터, 이해가 안 되죠? 당신은 수치를 볼 생각이 아예 없잖아요." 브로드웨이 쇼 〈지그펠드 폴리스Ziegfeld Follies〉에서 플로렌즈 지그펠드Florenz Ziegfeld는 말했다.

수치만 계산하는 사람은 불행한 사람이다.

가능성을 계산하지 마라. 소원을 키워라. 그러면 끈기가 생길 것이다.

산기슭에 머무는 사람들에게 당신이 명성과 돈이 아니라 성취를 위해 일한다고 말해보라. 아마 그들은 고개를 가로저을 것이다. 그들은 당신이 거짓말을 한다고 굳게 믿는다. 명성과 돈은 매력적이다. 그런 것들이 있으면 당연히 물리적으로 더 안락해지는 것은 물론이고 더 창조적인 일을 하는 데도 도움이 될 것이다. 하지만 진정한 보상은 성취다. 자신의 내면을 알고 자신이 알고 있다는 것을 아는 것, 이것이 진정한 보상이다. 그렇다. 이것이 바로 성취다. 당신은 성취했는가?

진정으로 원하는 것을 결정하라. 그러면 끈기를 발휘하게 될 것이다. 샘 칼레누이크의 말을 기억하라. "원대한 꿈을 품으면 현실은 중요하지 않다." 나폴레온 힐의 말도 잊지 말아야 한다. "끈기라는 단어에 영웅적인 의미는 들어 있지 않다. 하지만 탄소가 강철이 되듯 끈기라는 특성이 인간의 강인함을 만든다."

가서 시작하라. 성공을 연구하라. 소원을 선택하라. 끈기 있게 하라. 그러면 인생은 본래의 모습을 찾을 것이다.

140

1. 우리는 날마다 산을 마주한다. 그리고 선택지는 단 2가지, 산에 오르느냐 아니면 산기슭에 머무느냐. 성공한 사람에게 산에 오르는 데 절대적으로 필요한 특성을 하나 꼽으라면 누구나 끈기를 꼽을 것이다.

2. 쉴 새 없이 급변하는 세상에서는 성공으로 가는 길목마다 무수한 거절과 장애물이 버티고 있다. 그런 모진 저항과 싸우는 데 꼭 필요한 힘이 끈기다.

3. 벤 호건의 일화는 부정적인 생각 대 소원과 꿈, 끈기의 대결이었다. 이제 당신은 무엇이 이길지 안다. 당연히 꿈이 언제나 승리한다.

4. 벤 호건이라는 존재를 이루는 모든 세포에 끈기가 가득 차 있었다. 그의 소원이 그만큼 강했기 때문이다. 끈기가 핵심 중 핵심이다. 끈기가 당신을 최고로 만들어줄 것이다.

5. 캘빈 쿨리지는 이렇게 썼다. "오로지 끈기와 결정만이 무엇이든 이룰 수 있다. '끝까지 밀고 나가자'라는 슬로건이 인류의 문제를 해결해왔고 앞으로도 그럴 것이다."

6. 산기슭에서 헤매는 가련한 사람들은 이런 말로 자신의 보잘 것없는 성과를 합리화한다. "내가 왜 전력을 다해야 해? 그러

면 사장이 더 많은 걸 요구할 거야." 그들이 정신 차리게 도울
수 없다면 그들을 멀리하라. 그들은 자신이 판 함정에 당신까
지 끌어들이려고 든다.

7. 끈기가 저절로 생기는 법은 없다. 끈기는 타고나는 게 아니며
    물려받을 수도 없다. 온 세상을 뒤져봐도 당신을 대신해 끈기
    를 키워줄 수 있는 사람은 찾을 수 없다.

8. 끈기라는 정신력을 키우려면 우선 뭔가를 간절히 원해야 한다.
    그것이 불타오르는 열정이 될 정도로 강렬한 소원을 가져야 한
    다. 소원을 이루겠다는 생각과 사랑에 빠져야 한다.

9. 당신은 마음속 깊은 곳에서 진정으로 원하는 것을 결정해야
    한다. 그렇지 않으면 산기슭에서 패배자들의 무리에 섞이게
    될 것이다.

10. 끈기 있는 사람은 자신이 '왜' 원하는지 절대 모른다. 그들이
    유일하게 아는 건 자신이 원한다는 것과 원하는 걸 얻어야 한
    다는 것뿐이다.

11. 원하는 것을 얻으려면 행동해야 하고, 행동하려면 원하는 것
    을 얻은 사람처럼 되어야 한다.

12. 영은 당신의 의식에 대고 말한다. "이봐, 이것에 대한 소원을

키워봐. 간절히 원해봐. 네가 정말 절실히 원하면 위대한 일을 해낼 수 있는 사람으로 성장할 거야"라고. 당신은 원하는 것은 무엇이든 얻을 자격이 있다.

13. 평범한 사람은 자신이 원하는 것을 의식적으로 인식했기 때문에, 그리고 꿈을 억누르고 무시하지 않았기 때문에 비범한 업적을 세웠다. 그들은 실패와 거절, 파산, 죽음이 정면에서 그들을 노려보고 있어도 꿈을 놓지 않았다.

14. 간절히 원하지 않으면 끈기를 나타내지 못한다. 비범한 일을 해낸 평범한 사람은 소원의 힘과 끈기의 강력함 덕분에 전에는 자신에게 있는지조차 몰랐던 놀라운 힘을 끌어낼 수 있었다. 그들은 자신 안에 있는 위대함을 드러냈다.

15. 끈기를 발휘하려면 제대로 된 크기의 소원이 필수적이다.

16. "원대한 꿈을 품으면 현실은 중요하지 않다." 샘 칼레누이크가 한 말이다.

17. 나폴레온 힐에 따르면 아이디어나 소원이 생기면 처음에는 당신이 그것을 구슬리고 보살펴서 살아 있게 만들어야 한다. 하지만 시간이 지나면서 아이디어나 소원이 점차 스스로 힘을 길러 모든 반대를 물리친다. 그다음에는 아이디어와 소원

이 당신을 구슬리고 보살피며 목표를 향해 밀어준다.

18. 생각은 그 생각을 낳은 물리적인 두뇌보다 더욱 강력하다. 생각은 생각을 만들어낸 물리적인 두뇌가 재로 변한 이후에도 오랫동안 살아남을 힘을 지녔다.

19. 끈기가 없는가? 그렇다면 십중팔구 소원이 작은 것이다. 소원이 강력하지 않으면 끈기를 발휘하기 어렵다.

20. 끈기가 부족하다면 진짜 문제는 따로 있다는 증거다. 진짜 문제는 소원 부족이다.

21. 진정한 보상은 성취다. 자신의 내면을 알고 자신이 알고 있다는 것을 아는 것, 이것이 진정한 보상이다. 그렇다. 이것이 바로 성취다. 당신은 성취했는가?

CHAPTER 05

책임감

모든 것을 스스로 책임져라

1 2
POWER PRINCIPLES
for SUCCESS

남 탓만 하는 사람,
스스로 책임지는 사람

◇◇◇◇◇

승자의 선택은 언제나 경계를 넘어 확장된다. 새로운 지평이 밝게 열리면 승자는 책임감 있는 자세로 새로운 도전과 마주할 동기를 얻는다. 책임감 있는 사람만이 경계 너머에 있는 새로운 세상을 즐길 수 있다.

당신이 꿈꾸어온 모든 것이 미래에 실현될 수 있다. 아니 당신은 그 이상으로 많은 것을 이룰 수 있다. 당신에게는 날마다 찬란한 하루를 경험할 재능과 도구가 있다. 사실 이는 우주의 설계자가 당신을 창조할 때 구상한 것이다. 그렇지 않았다면 당신이 이토록 놀라운 능력을 받았을 리 없다.

당신은 다른 모든 창조물보다 뛰어나다. 당신이 지닌 가장 탁월한 힘은 선택 능력이다. 릴런드 밸 밴 드 월Leland Val Van De Wall은 자신의 대표적인 자기계발 프로그램 '당신은 선택하기 위해 태어난 존재You Were Born to Choose'에 이런 내용을 담았다.

> 인간이 자기 삶과 살면서 얻는 결과를 책임질 때 그 결과를 다른 사람 탓으로 돌리는 일을 중단한다. 당신은 다른 사람을 바꿀 수 없으므로 그들을 탓하는 태도는 부적절하다. 남 탓만 하는 사람은 스스로 만든 감옥에 갇힌 채 삶을 살게 된다. 책임감을 발휘할 때 비난을 멈추고 비로소 자유롭게 성장한다.

성공의 대원칙 다섯 번째는 '책임감responsibility' 이다. 이는 탁월한 교훈을 전달한다. 책임감은 당신의 삶에 놀라운 영향력을 미칠 수 있다. 책임감을 발휘할 때 더 많은 친구가 생기고 더 많은 돈을 벌고 건강이 더욱 좋아진다. 책임감을 잘 활용하면 더 나은 자아상을 갖게 되고 자존감이 높아진다.

148

정신의 감옥에서 벗어나라

◇◇◇◇

책임감을 말하다보면 자유에 관한 이야기를 빼놓을 수 없다. 자유는 많은 사람이 당연하게 여기는 것이다. 자유를 잃는 일, 자유를 빼앗기는 일이 어떨지 생각해본 적 있는가? 그런 상황에 빠진 사람이 많다. 그리고 분명히 그들은 행복하지 않다. 연방 교도소는 지내기 유쾌한 곳이 아니다. 수감자가 아닌 근무자에게도 연방 교도소는 기분 좋은 곳이 아니다. 개인 경험을 바탕으로 나는 확신 있게 그렇다고 말할 수 있다. 거의 5년 동안 나는 매달 한 번씩 토요일에 연방 교도소를 찾았다.

운 좋게도 나는 그곳에 초대를 받아 방문할 수 있었다. 그리고 교도소 안팎을 마음대로 드나들 수 있었다. 나는 거기서 모임을 열고 강연을 했다. 강연에서 나는 우리에겐 엄청난 잠재력이 있으며 자신이 원하는 삶을 창조해야 한다는 메시지를 사람들에게 전했다. 교도소를 찾지 않은 지 여러 해가 지났지만 교도소에서 자유의 세상으로 돌아올 때마다 느꼈던

감정은 여전히 생생하다. 금방 내 앞에서 강연을 듣던 사람들이 좁은 감방에 다시 갇혔기 때문이다.

내 뒤에서 거대한 철문이 쾅 하고 닫히는 소리가 들리면 마음이 너무 무거웠다. 집으로 돌아오는 길에는 내내 한마디도 하지 않았다. 수감자들과 그들이 처한 상황을 마음에서 떨쳐낼 수 없었다. 물론 감옥에 갇힌 건 그들 잘못 때문이었지만 그래도 안타까웠다. 그들은 모두 자유를 원했다. 다들 출소할 날만 손꼽아 기다렸다. 대화 주제도 교소도 밖으로 나가는 일이었다. 하지만 출소 날이 아직 여러 해 남은 사람들도 있었다.

나는 교도소를 방문했던 토요일의 경험에 감사한다. 그 덕분에 대부분의 사람들이 당연시하는 자유를 매우 소중히 여기게 되었다. 그리고 감사하게도 내 강연을 듣던 재소자 중 친구가 된 사람들도 있다. 그들은 이제 사회에 도움이 되는 건설적인 삶을 살고 있는 좋은 사람들이다. 그들은 내가 전한 메시지를 마음에 새겼다. 그들은 자신의 감정과 자신이 얻는 결과, 삶의 방향에 대한 책임이 자신에게 있다는 것을 배웠다.

많은 사람이 연방 교도소 내부를, 아니 외부조차 본 적이 없다. 하지만 그들은 자유롭지 않다. 잘못된 신념에 갇혀 있기 때문이다. 그들의 감옥은 내가 앞에서 말한 연방 교도소와는 많은 면에서 다른 정신의 감옥이다. 하지만 그래도 감옥은 감옥이다. 이 감옥은 그들의 활동과 소유, 성취를 제한한다. 그들은 자신의 마음이 이끄는 곳으로 가지 못한다. 그들은 끝없이 좌절하며 가혹한 형벌을 받는다. 그들이 정신의 감옥에 갇힌 건 무지 때문이다. 그러니 결코 자유로워질 수 없을 것이다.

많은 면에서 정신의 감옥은 연방 교도소보다 살기 어려운 곳이다. 정신적 고통은 의미 있는 삶을 사는 데 필요한 모든 것을 파괴할 수 있다. 정신의 감옥에서 벗어나지 못하는 사람은 다른 사람으로부터 존중받지 못한다. 심지어 스스로도 자신을 존중하지 않는다. 그들에게는 자존감이 없다. 정신의 감옥은 자신감도 파괴한다. 자아상이 산산이 부서지고 인간관계가 무너진다. 신체 건강까지 나빠질 수 있다.

혹시 당신은 이런 정신의 감옥에 갇혀 있는가? 걱정하지 마라. 탈출구가 있다. 당신은 그곳에서 탈

정신의 감옥은
연방 교도소보다 살기
어려운 곳이다.

출해야 하며 탈출할 수 있다. 자유가 당신을 부르고 있다. 책임감이 자유로 가는 문을 열어줄 것이다. 당신이 책임감을 발휘하면 새롭고 찬란한 삶의 길로 들어갈 수 있다.

책임감을 습관으로 만들어라

◇◇◇◇◇

'정신의 감옥이라니, 나한테는 전혀 해당하지 않는 소리야'라고 생각할 수 있다. 하지만 정신의 감옥에 갇힌 사람 대부분은 자신이 정신의 감옥에 갇혀 있다는 것을 모른다. 베스트셀러 작가 버논 하워드Vernon Howard는 이렇게 썼다.

자신이 감옥에 있다는 것을 모르면 감옥에서 탈출할 수 없다.

진실은 이렇다. 삶의 모든 면에서 책임감을 완벽하고 확실하게 발휘하겠다는 인식을 키운 사람은 극

153

히 드물다. 하지만 아마 당신이 가장 존경하는 남성이나 여성은 그런 책임감을 발휘하는 사람일 것이다.

이런 사람들은 자신이 돈을 얼마나 많이 벌지 결정한다. 자신이 선택한 삶의 방식에 더 많은 돈이 필요하면 그들은 그만큼 돈을 번다.

그들은 다른 사람의 의견 때문에 감정적으로 동요하지 않는다. 다른 사람이 아무리 기분을 상하게 해도 어떤 감정을 느낄지는 자신이 결정한다.

그들은 자기 일에 의미를 부여하고 그 일이 잘되게 만든다. 그들은 자신이 하루를 어떻게 보내는지가 중요하다는 것을 알기에 의미 없는 활동에 참여하기를 거부한다.

그들은 세계 구석구석을 여행하며 다른 문화의 삶을 관찰하면서 생각을 확장한다. 그들은 생각이 비슷한 사람들과 교류하며 신나고 활기찬 사회생활을 해나간다.

이런 사람들이 나쁜 결과를 두고 남을 탓하며 책임 전가하는 모습을 당신은 보지도 듣지도 못했을 것이다. 부정적인 상황이 자신 앞에 펼쳐질 때마다 그들은 피하지 않고 그런 상황을 견뎌낸다. 그들은 나쁜 결과를 자신이 끌어당겼다는 것을 언제나 인식한다. 모든 일에는 다 그럴 만한 이유가 있다는 것도 알고 있다.

그들은 일어나는 모든 일을 자신이 책임지며, 부정적인 상황에서 교훈을 얻고, 경계를 넘어 새로운 영역으로 계속 확장한다.

이 메시지를 곱씹을수록 책임감에 대해 더 많이 생각하고 더 깊이 연구하게 될 것이다. 그렇게 할수록 당신은 책임감이란 이 대원칙을 습관으로 만드는 데 더욱더 열중하게 될 것이다. 책임감이 습관이 되면 새로운 지평이 밝게 펼쳐질 것이다.

신은 당신에게 평생 쓸 것보다 더 많은 재능과 능력을 선물로 주었다. 당신이 신에게 보답으로 줄 선물은 그 재능과 능력을 발전시키는 것이다. 이것은 당신의 책임이다. 모든 인간에게는 위대함이 내재해 있다.

용서가 책임감을 길러준다

◇◇◇◇◇

1903년 윌리스 D. 와틀스Wallace D. Wattles는《위대한 사람이 되는 과학The Science of Being Great》이라는 놀라운 책을 썼다. 이 책에서 그는 말했다.

날마다 사소한 일을 위대한 방식으로 함으로써 위대해진다.

당신이 무슨 일을 하든 그 일을 위대하게 하는 건 당신 책임이다. 윈스턴 처칠Winston Churchill은 "책임은 위대함의 대가"라고 말했다.

안타깝게도 많은 사람이 책임을 회피할 때마다 성공을 피하고 있음을 이해하지 못한다. 우리는 책임을 회피할 수는 있다. 하지만 책임을 회피한 결과를 피할 수는 없다.

당신이 대부분의 사람들과 비슷하다면 '맞는 말이야. 그런데 어디서 시작하지?'라고 생각할 수 있다. 답을 알려주겠다. 지금 그 자리에서 시작하라. 지금

책임을 회피할 때마다
성공을 피하고 있는 것이다.

이 시작할 순간이며 누구도 가지 않은 곳으로 갈 시간이다. 시간을 어제나 지난날로 되돌리는 방법은 어디에도 없다. 우리가 가진 건 오로지 현재다. 그리고 밝은 미래가 우리를 기다리고 있다. 이 점이 책임감이란 대원칙의 중요한 핵심이다.

우리는 '……해야 했어'라는 게임에 너무 자주 빠진다. '이걸 해야 했어' '저걸 해야 했어' 하지만 당신이 '해야 했던' 일이 무엇이든 이제는 그 일을 할 수 없음을 분명히 알아야 한다. 당신은 과거에 한 일이나 하지 않은 일을 바꿀 수 없다. 어제 아침에 일어난 시간이나 오늘 아침에 먹은 음식을 바꿀 수 없는 것처럼 과거의 행동도 바꿀 수 없다. 당신은 과거 그 당시의 생각으로 할 수 있는 일을 한 것이다. 혹시 과거에 지금과 달리 책임감을 저버렸는가? 설령 그렇더라도 자신을 용서하라. 그리고 앞으로 인생을 잘 꾸려나가라.

자신과 다른 사람을 용서하는 일은 성공의 놀라운 비결 중 하나다. 게다가 용서는 엄청나게 효과적인 치유의 개념이기도 하다. 당신이 어린 시절 나와 비슷한 교육을 받았다면 용서하는 법을 잘 이해하지 못할지 모른다. 나는 자라면서 "그 문제는 더 이상 이야기하지 않겠어"라고 말하면 용서하는 거라고 배웠다. 하지만 그건 용서가 아니다.

몇 년 전 나의 훌륭한 친구인 릴런드 밸 밴 드 월은 '용서'라는 말이 무엇을 의미하는지 아느냐고 내게 물었다. 내가 용서의 뜻을 모르리라 생각하고 그런 질문을 한 것 같다. 나는 잠시 생각하다가 말했다. "그래, 밸. 용서가 무슨 의미야?"

밸은 대답했다.

'용서'란 '완전히 놓아버린다' '내려놓는다'는 뜻이야.

나는 그의 정의가 마음에 들었다. 일리 있는 말이었다. 밸을 비롯해 다른 대가들의 놀라운 가르침을 몇 년간 연구한 끝에 깨달은 게 있다. 용서하는 법을 배우기 전에는 책임감이라는 정신력을 기르지 못한다는 것이다.

이 말이 마음을 불안하게 만들 수 있다. 그럼에도 나는 이 말을 고수하려 한다. 용서하는 법을 배우지 못한 사람은 필연적으로 죄책감과 분노라는 가장

159

파괴적인 감정을 품고 살아간다. 마음에 이 2가지 악마가 함께 떠돌면 책임감이 자라지 못한다. 비난과 책임감을 동시에 표출할 수는 없다. 비난하는 태도와 책임지는 태도는 좋은 파트너가 아니다. 이 둘은 공존할 수 없다.

이 메시지를 얼마간 시간을 내서 곰곰이 묵상해보길 권한다. 장담하는데 여기에 투자한 시간은 절대 시간 낭비가 아니다. 당신은 내일 새로운 여명이 밝아옴을 알게 될 것이며, 당신만의 특별한 방식으로 모든 도전에 맞서게 될 것이다.

자기 생각을 결정하는 능력, 바로 이 능력이 당신을 유일무이한 존재로 만들고, 당신의 방식을 특별하게 만든다.

책임감 확언 연습하기

◇◇◇◇◇

성공이라는 첫 번째 대원칙에서 다룬 내용을 잠시 고려해보자. 생각은 모든 것의 출발점이다. 인생의 모든 결과는 생각에서 시작한다. 특정한 시간 동안 2명이 정확히 똑같은 생각을 할 확률이 얼마라고 생각하는가? 이 점을 고려해보면 당신은 유일무이한 존재라는 결론에 이를 것이다. 당신의 생각은 당신 것이다. 당신의 생각이 당신의 인생을 만든다.

책임지기를 거부하는 사람은 자신이 유일무이한 존재라는 진실을 거부하는 것이나 마찬가지다. 그들은 자신의 특별한 능력을 몽땅 다른 사람과 상황, 환경에 맡겨버린다. 그들은 더는 자신의 미래를 통제하지 못한다. 다음 날, 다음 주, 다음 해에 자신에게 무슨 일이 일어날지 영원히 알지 못할 것이다. 그들은 내심 뭔가 좋은 일이 일어나기를 바란다. 하지만 과거 경험에서 헤어나지 못하기 때문에 자신의 앞날은 나쁜 일의 연속일 거라고 예상한다.

잘못된 길에서 헤매는 그들 중 많은 수가 점쟁이나 심령술사, 타로 상담사에게 달려간다. 그들은 자신의 미래를 알아낼 생각으로 감당하기 버거운 돈을 쏟아붓는다. 자신의 삶과 살면서 얻는 결과에 대한 책임을 받아들이면 그런 바보 같은 짓을 더는 하지 않을 것이다. 당신의 미래를 가장 정확하게 예측

할 수 있는 사람은 온 세상에서 당신뿐이다.

책임감이 있으면 자신의 꿈이 이루어진다는 확신이 생긴다. 그러면 자신의 구상을 실천에 옮길 수 있다. 이 장엄한 진리를 이해하는 것이 인생에서, 가장 위대한 일까지는 아니더라도. 위대한 일 중 하나다. 알라딘의 램프, 요술 지팡이, 이빨 요정 모두는 한 가지 진리로 표현될 수 있다. 다음 문장을 소리 내어 읽어보라.

나는 내 삶과 내 감정, 내가 얻는 모든 결과를 책임진다.

한 번 더 반복해보라.

나는 내 삶과 내 감정, 내가 얻는 모든 결과를 책임진다.

기억하라. 선택은 당신이 하는 것이다. 그리고 분명히 당신은 현명한 선택을 하고 싶을 것이다. 이 문장을 목청껏 말하면 당신의 몸과 마음에 진동이 생

당신의 미래를
가장 정확하게 예측할 수 있는 사람은
온 세상에서 당신뿐이다.

긴다. 발화된 말에는 진정한 힘이 있다.

"나는 내 삶과 내 감정, 내가 얻는 모든 결과를 책임진다." 이 말을 10번 이상 반복해 말하라. 각 단어에 무슨 의미가 있는지 생각하며 천천히, 그리고 신중하게 말하라. 그렇게 하면서 자신을 진정으로 책임감 있는 사람으로 바라보라.

이 연습을 하는 데는 1분도 채 걸리지 않는다. 앞으로 한 달 동안 매일 1분을 투자해 이 말을 반복해 말한다면 당신은 삶의 모든 면에서 더 나아질 것이다. 우습게 들릴 수 있겠지만 정말로 효과가 있다.

이 책임감 확언을 한 달 동안 매일 10번씩 소리 내 반복하면 인식이 매우 날카로워진다. 그러면 자신의 감정이나 특정한 결과에 대해 다른 사람이나 상황을 탓하는 생각이 들 때 마음에 경보등을 켜진다. 뭔가를 비난하는 생각이 뇌 속 스위치를 눌러 정신의 녹음테이프를 작동시킨다. 그리고 이렇게 말하는 자신의 목소리가 재생된다. "나는 내 삶과 내 감정, 내가 얻는 모든 결과를 책임진다."

그런데 이런 내면의 목소리가 들리더라도 자신의 상황에 대해 계속 부정적인 생각이 들거나 다른

164

사람을 탓하기 쉽다. 우리의 행동을 지배하는 낡은 프로그램이 우리를 꽉 붙들고 놓지 않기 때문이다. 따라서 시간이 걸리고 에너지가 든다. 좋은 삶에 대한 소원이 충분히 강하지 않으면 이 낡은 프로그램에 계속 통제당하고 만다. 이런 일이 자신에게 일어나도록 허용하는 사람은 자기 인생을 낭비하는 것이다.

당신이 이 책을 읽고 있다는 것 자체가 당신의 소원이 충분히 강하다는 증거다. 이 교훈을 마음에 새기고 책임감 확언을 날마다 반복한다면 자기 삶에 대한 흔들리지 않는 통제력을 얻게 될 것이다.

승자는 상황을 탓하지 않는다

◇◇◇◇

기억하라. 한 발만 내딛기 시작하면 더 멀리 갈 수 있다. 산에 오르기 위해 날마다 한 번에 한 걸음씩 내딛어라. 한 걸음을 내디딜 때마다 눈 앞에 펼쳐지는 풍경은 점점 아름다워진다. 조지 버나드 쇼는 이렇게 말했다.

모든 것은 처음 스스로 해냄직하다

사람들은 언제나 자신의 현실에 대해 상황 탓을 한다.

나는 상황을 믿지 않는다. 성공한 사람들은 머리를 들고 자신이 원하는 상황을 찾는다. 그런 상황을 찾을 수 없으면 스스로 만들어낸다. 버나드 쇼의 말을 더 쉽게 표현하면 패자는 남 탓만 한다. 그들은 자신이 결정권을 쥐고 있으며 자신이 원하는 행동을 할 수 있다는 진실을 모른다. 반대로 승자는 책임지는 태도를 나타낸다. 남 탓이라는 말은 그들 사전에 없다. 상황이 자신이 원하는 방식이나 방향으로 진행되지 않으면 그들은 새로운 아이디어를 내놓고 자신의 구상에 맞게 상황을 바꾼다.

한 가지 예를 통해 남 탓하는 태도와 책임지는 태도를 비교해 생각해보자. 어떤 사람이 사기를 당해 많은 돈을 잃었다. 그 사람은 매우 화가 났다. 그리고 이렇게 말할지 모른다. "앞으로 다시는 다른 사람을 믿지 않겠어."

그 사람을 진정시키고 그런 바보 같은 결정을 하지 말라고 경고하려고 당신은 이렇게 말할지 모른다. "너무 화내지 마. 모든 일이 다 잘될 거야. 게다가 이

번 한 번의 상황 때문에 사람들에 대한 신뢰를 접으면 현명한 행동이 아니야."

이 조언을 들으면 그 사람은 이렇게 반응할 수 있다. "뭐라고? 화내지 말라고? 이런 일을 당한 사람이라면 누구나 화를 낼 거야."

아니다, 그렇지 않다. 막대한 돈을 사기당하고도 화를 내지 않는 사람이 있다. 물론 즐거운 상황은 아니겠지만 그들은 상황이 자신의 삶을 흔들게 허용하지 않는다. 신뢰와 관련해서도 그들은 사람들에 대한 믿음을 포기하지 않는다.

이런 삶을 사는 사람은 분명 소수에 불과하다. 하지만 그들이 인생의 승자다. 그들은 자신의 감정과 가고 있는 방향에 대한 통제권을 포기하지 않는다. 승자는 일어나는 모든 일에 대해 책임지는 태도를 선택한다. 일어난 일의 결과가 좋든 나쁘든 모든 일을 책임진다. 일어난 모든 일에는 교훈이 담겨 있다. 승자는 부정적인 상황에서도 긍정적인 요소를 찾는다. 인생에서 벌어지는 부정적인 상황은 자신의 정신을 강인하게 만들고 좋은 특성을 길러주는 기회라고 생각한다.

승자는
상황이 자신의 삶을 흔들게
허용하지 않는다.

저명한 정신과 의사 롤로 메이Rollo May는 저서 《자아를 잃어버린 현대인Man's Search for Himself》에서 이렇게 말했다.

우리 사회에서 용기의 반대는 비겁함이 아니라 순응이다.

승자는 순응을 거부하기 때문에 선택할 때 엄청난 용기를 내야 한다. 당신도 선택할 때 승자처럼 행동한다면 소수에 속하게 된다. 승자의 선택은 인기 있는 선택이 아니다.

당신이 부정적인 상황에 직면해도 감정적으로 흔들리지 않으면 책임감 있는 태도를 실천하는 것이다. 그러면 생각이 명확해져 정신 역량을 발휘할 수 있다. 그리고 적절한 방식으로 상황에 대처하게 된다.

하지만 대다수 사람은 차분하고 침착한 당신의 행동을 보고 혼란스러워할 것이다. 그들은 당신이 왜 화를 내지 않는지 이해하지 못한다. 그들은 당신이 바보 같다며 흉볼 수 있다. 처한 상황에 대해 다른 사람이나 상황을 탓하는 사람이 너무 많다보니 그들은 자기 생각이 옳다고 생각하기 쉽다. 순응은 이 사회의 심각한 문제다. 사람들은 이유도 모른 채 다른 사람이 하는 대로 한다.

이 특별한 대원칙에는 한 번으로는 다 파악할 수 없는 많은 교훈이 담겨 있다. 앞으로 한 달 동안 매일 적어도 한 번씩 이 장을 읽는 게 좋다. 이 장에서 권하는 확언 연습을 하라. 그렇게 한다면 더욱 책임감 있는 사람이 되어 자신이 키워나가는 힘을 더 잘 알게 될 뿐 아니라 용기 또한 커질 것이다.

이렇게 하다보면 오늘 읽고 있는 내용이 지난번에는 안 읽었던 것처럼 새롭게 다가오는 착각이 들 수 있다. 그러나 당신은 전에 한 번도 못 들어본 이야기를 지금 듣고 있는 게 아니다. 처음 듣는 소리처럼 느껴지는 건 전에는 놓쳤던 것을 이제는 보게 되었기 때문이다. 당신은 성장하고 있다.

인생에서 더 중요한 일을 하려면 책임감을 발휘하는 것이 시작이다. 알라딘의 램프, 요술 지팡이, 이빨 요정 모두는 한 가지 진리로 표현된다고 했던 말이 기억나는가? 그건 바로 이 책임감 대원칙이 당신이란 존재에 잘 어울린다는 말이다.

170

다른 사람을 대신해
책임지지 마라

◇◇◇◇◇

이 장 서두에서 나는 책임감에 관한 이야기를 하다보면 자유를 빼놓을 수 없다고 말했다. 이 장에서 제시하는 마지막 교훈은 많은 사람에게 꼭 필요한 내용이다. 불필요한 책임감에서 벗어나고 거의 평생 짊어져온 엄청난 짐을 내려놓게 해주는 교훈이다.

바로 누구에 '대해' 책임을 지는 것과 누구를 '대신해' 책임을 지는 것에는 엄청난 차이가 있다는 교훈이다. 당신은 다른 사람의 감정과 결과가 아니라 당신의 감정과 결과를 책임져야 한다. 당신은 다른 사람에 '대해' 책임을 질 수는 있지만 그 사람을 '대신해' 책임을 질 필요는 없다.

물론 예외는 있다. 자녀를 양육하기로 했을 때 당신은 자녀에 '대해' 그리고 자녀를 '대신해' 책임진다. 부모는 자녀가 성인이 될 때까지 그렇게 한다. 하지만 자녀가 성인이 되면 행복하고 건강하고 번영하고 의미 있는 삶에 대한 책임은 자녀 스스로에게 있다.

그런데 성인이 된 뒤에도 다른 사람이 대신 책임
져주겠다고 하면 혹할 수 있다. 그러면 더 자유롭게
즐거운 일을 하면서 재미있는 시간을 보낼 수 있고,
하고 싶었던 일을 할 수 있다는 생각이 들 수 있다. 하
지만 진지하게 생각해보면 정확히 정반대 상황이 펼
쳐진다는 것을 깨닫게 된다. 다른 사람이 우리의 책
임을 대신하면 우리는 그들에게 의존할 수밖에 없다.
그들은 기버giver가 되고 우리는 리시버receiver가 된다.
우리의 행복이 그들의 관대함에 달린 셈이 된다.

책임감이라는 대원칙을 잘못 이해하면 어떻게
되는지, 그것이 기버나 리시버의 삶에 결핍, 한계, 분
노, 혼돈을 어떻게 야기하는지 이해할 수 있는가? 이
대원칙을 잘못 활용하면 누구에게도 도움이 되지 않
는다. 만약 당신이 다른 사람의 감정이나 일의 결과
를 대신 책임진다면 그들의 자기 신뢰와 자존감을 파
괴하고 말 것이다.

대다수 사람은 자신의 진정한 본성과 삶을 지배
하는 법칙을 알지 못한 채 정신없이 하루하루를 보
낸다. 그래서 기버가 주는 것은 무엇이든 게걸스럽게
받아들인다. 하지만 결국에는 기버에 대해 끝없는 반

감을 품는다. 그들은 기버 때문에 스스로 자신을 돌볼 능력을 잃게 되었음을 직감하게 된다. 그들은 기버에게 신세를 지고 있다고 느끼며 이런 감정은 열등감을 낳는다. 이에 따라 자연스럽게 반감이 생긴다. 책임감이란 대원칙을 모르는 기버는 당연히 혼란스럽다. 그들은 "내가 그들을 위해 모든 걸 다 해주었는데 어째서 그들은 날 싫어하는 거지?"라고 말한다.

다른 사람이 스스로 해야 할 일을 대신해주면서 그 사람의 책임을 떠맡는다면 그 사람을 약하게 만드는 것이다. 대부분의 사람들이 책임을 회피하기 때문에 사람들은 당신이 더 많은 일을 해주기를 기대한다.

이탈리아 속담에 "염소가 어깨에 올라오도록 놔두는 사람에게는 곧 소도 어깨로 올라간다"라는 말이 있다. 다른 사람이 자신의 책임을 인식하도록 돕는 것이 당신의 의무다. 한편 당신이 자신의 책임을 다른 사람에게 떠넘기면 당신은 정신의 감옥에 스스로 들어가는 것이나 마찬가지다. 그러면 결국 결핍, 한계, 비난, 불행이 당신의 정신을 지배한다.

책임감은 아주 어린 시절부터 배워야 한다. 불행히도 많은 사람이 그렇게 하지 못했다. 그 결과 그들은 먼 길을 돌고 돌아서 와야 건강한 정신에 이를 수 있다.

당신은 책임감이라는 대원칙에 대해 마땅히 시간을 내어 깊이 생각해야 할 것이다. 이 원칙이야말로 자유와 권한, 번영의 열쇠다. 승자는 다른 사람에 '대해' 책임을 지지만 그들을 '대신해' 책임지지 않는다. 승자는 자기 자신을 '위해' 책임진다. 스스로 책임지는 태도야말로 당신이 타고난 권리인 자유와 생명에 이르는 유일한 길이다.

1. 우주의 설계자는 당신이 꿈꾸는 모든 것을 이루고 당신의 미래를 날마다 찬란하게 만들 놀라운 능력을 당신에게 주었다.

2. 당신은 다른 모든 창조물보다 뛰어나다. 당신이 가진 가장 탁월한 힘은 선택하는 능력이다.

3. 당신이 자신의 삶과 감정, 살면서 얻는 결과를 스스로 책임질 때 다른 사람을 탓하는 일을 중단하게 될 것이다.

4. 비난 게임은 위험하다. 비난을 중단해야 비로소 자유롭게 성장할 수 있다.

5. 당신의 결과를 다른 사람의 책임으로 돌리는 것은 스스로를 정신의 감옥에 가두는 것이다. 그러면 활동과 소유, 성취가 제한된다.

6. 자신이 감옥에 있다는 걸 모르면 감옥에서 탈출할 수 없다.

7. 정신적 고통은 의미 있는 삶에 필요한 모든 것을 파괴할 수 있다.

8. 책임감이 없으면 자존감도 없다.

9. 자유로워지려면 자신의 삶과 감정, 모든 결과를 스스로 책임져야 한다.

10. 책임감은 위대함의 대가다.

11. 얼마나 많은 돈을 벌지, 어떻게 하루를 보낼지, 어떻게 활발한 사회생활을 할지에 대한 책임은 자기 자신에게 있다.

12. 부정적인 상황은 자신이 지금까지 끌어당겨온 학습 경험이다.

13. 날마다 사소한 일을 위대한 방식으로 함으로써 당신은 위대해진다.

14. 이미 일어난 일이고 과거에 일어났던 일이다. 당신은 그 일을 바꿀 수 없다.

15. '용서'는 '완전히 놓아버린다' '내려놓는다'는 뜻이다.

16. 자신과 다른 사람을 용서하는 법을 배워서 인생에서 성공하라.

17. 죄책감과 분노를 품은 상태에서는 책임감을 발휘할 수 없다.

18. 당신의 미래를 거의 확실하게 결정할 수 있는 사람은 이 세상에서 당신뿐이다.

19. 소리 내어 반복해서 말하는 확언은 강력한 힘을 지녔다.

20. 용기의 반대는 비겁함이 아니라 순응이다.

21. 당신은 유일무이한 존재다. 당신의 방식은 특별하다.

22. 누구에 '대해' 책임을 지는 것과 누구를 '대신해' 책임을 지는 것에는 엄청난 차이가 있다. 당신은 다른 사람에 '대해' 책임을 질 수는 있지만 그 사람을 '대신해' 책임을 질 필요는 없다.

23. 결과를 책임지는 태도야말로 당신이 타고난 권리인 자유와 생명에 이르는 유일한 길이다.

CHAPTER 06

확신

자신이 어떤 존재인지 확신하라

확신은 앎에서 비롯된다

◇◇◇◇

확신confidence이라는 대원칙은 아마 성공의 대원칙에서 가장 탁월한 원칙에 속할 것이다. 확신이 있으면 마음이 이끄는 곳으로 자유롭게 갈 수 있다. 그러면 해야 할 일을 결국 하게 된다. 확신은 품격 있는 강함을 선사한다. 확신은 눈에 보이지 않는 힘을 만들어준다. 그래서 확신에 찬 사람은 주변 모두의 시선을 사로잡는다. 확신은 다른 사람이 찬사를 보내는 특성이다.

확신은 당신의 몸과 마음에 진동을 일으킨다. 이 진동 때문에 사람들은 당신의 능력을 신뢰한다. 당신이 확신 있는 태도를 취하면 사람들은 당신의 인도를 따르는 것이 안전하다는 느낌을 얻게 된다. 확신에 차 있다는 것은 당신이 진실을 알고 있으며, 또한 자신이 알고 있음을 안다는 뜻이다.

당신은 모두가 배워야 할 가장 위대한 진리, 당신이 무한한 능력과 하나 된 존재라는 진리를 인식해야 한다. 당신이란 존재를 구성하는 분자 하나하나에는 보이지 않는 힘이 있다. 당신이 이 힘과 조화를 이루면 어떤 문제에 직면하든 다 해결할 것이다. 이 힘에는 당신이 직면하게 될 상황이나 환경보다 더 강력한 능력이 있기 때문이다. 하지만 당신이 자기 자신과 자신의 능력을 의심한다면, 그래서 해야 할 일을 할 수 없거나 어려움을 해결할 수 없다는 생각이 든다면 내가 무슨 말을 하든 소용없을 것이다.

어떻게 이 품격 있는 힘을 기를까? 어떻게 확신을 얻을까? 어떻게 보이지 않는 힘과 조화를 이룰까? 나는 당신이 이미 확신을 지니고 있다고 말하고 싶다. 원하는 시간과 장소에서 확신을 드러내지 못할 수는 있지만 당신은 이미 확신을 지니고 있다.

확신은 앎이다. 확신은 내적으로 확실하게 믿는

확신에 찬 사람은
주변 모두의 시선을
사로잡는다.

태도다. 그래서 그 무엇도 절대로 확신을 변화시킬 수 없다. 무슨 일이 일어나든, 누가 무슨 말을 하고 무슨 행동을 하든 중요하지 않다. 어떤 난관에 부딪히든 자신이 알고 있는 건 달라질 수 없다.

라이트 형제가 비행기를 띄우고 최초의 유인 비행기를 만들었을 때 "하늘을 나는 건 불가능해"라는 누군가의 말 때문에 그들이 알고 있던 게 달라졌을까? 그들의 대답은 이랬을 것이다. "나는 내가 할 수 있다는 걸 알아. 그냥 알아." 그들은 알고 있었기 때문에 확신했다.

걷기와 줄타기가 알려주는 확신의 중요성

◇◇◇◇◇

당신은 팔과 다리를 적절히 사용하면 똑바로 서서 방을 가로질러 걸어갈 수 있음을 확신한다. 한 발 한 발 내디디면서 방을 가로질러 갈 능력이 과연 자신에게 있을까 하는 의심은 전혀 하지 않는다. 하지만 지상에서 15미터 높이에 걸린 줄에서 한 발 한 발 내디디면서 걸어가라고 하면 잘 걸어갈 수 있다고 확신할 수 있을까? 아마 그렇지 않을 것이다.

어쩌면 당신은 '이런 예는 너무 억지스러워'라고 생각할지 모른다. 하지만 억지가 아니다. 오히려 아주 좋은 출발점이다. 당신은 지금 방을 가로질러 걸어갈 수 있다는 확신이 있다. 그런데 당신 인생에서는 이런 확신이 없었던 시기가 있었다. 아마 그때를 기억하지 못하겠지만 한번 생각해보자.

당신은 갓 태어난 아기였을 적에는 걸을 수 없었다. 심지어 서 있지조차 못했다. 서고 걷기는 당신이 배워야 했던 일이다. 걷는 일이 지금은 아무것도 아니겠지만 과거에는 걷기에 대한 확신을 길러야 했다. 당신은 살면서 많은 것을 배우는데, 걷는 법 배우기는 쉬운 편이 아니다. 아기들이 얼마나 많이 비틀거리고 넘어지고 머리를 찧어가며 걸음마를 배우던가. 아기들은 걷는 법 배우기가 무척 어렵다는 것을 몸으로 깨닫는다.

언젠가 뇌졸중으로 쓰러지거나 사고를 당해 걷는 능력을 잃은 성인들을 대상으로 강연을 한 적이 있다. 그들은 걷지 못하던 때로 돌아가 처음부터 걷기를 다시 배워야 했다. 그들은 내게 그 과정이 무척 힘겨웠다고 한목소리로 말했다.

이 주제와 관련해 곰곰이 생각해보면 당신은 확신을 기르는 패턴을 발견하기 시작할 것이다. 아마 당신은 방을 가로질러 걸어갈 수 있다고 확신하는 건 문제도 아니라고 생각할 것이다. 당신 생각이 옳다. 그건 당신에게 문제도 아니다. 하지만 아기에게는 큰 문제다. 그리고 당신에게도 큰 문제였던 때가 있었다.

이렇게 생각해보자. 밑에서 수천 명의 사람이 비명을 지르며 구경하는 상황에서 하루에도 몇 번씩 줄타기를 하는 사람에게 물어보면 줄타기가 별일 아니라고 말할 것이다. 그들에게 줄타기는 간단한 동작이다. 지상 9미터에서 12미터 높이의 가는 줄 위에서 스포트라이트를 받으며 아슬아슬한 곡예를 펼칠 때 그들은 확신으로 가득 차 있다. 때때로 그들은 이토록 간단한 동작을 하는 자신의 모습을 보려고 사람들이 왜 돈을 내고 몰려드는지 몹시 궁금해할 것이다. 그들은 그 동작이 아무것도 아니라고 생각한다. 하지만 밑에서 구경하는 사람은 그들의 행동에 경외심을 느끼며 그들이 떨어지기라도 할까봐 두려움에 숨죽이고 있다. 구경하는 사람에게 줄타기는 자신은 할 수 없는 엄청난 일이다. 한편 지금은 확신을 지니고 줄타기를 하는 사람도 어린 시절에 서커스를 관람할 때는 아슬아슬한 줄타기를 지켜보면서 자신은 할 수 없는 엄청난 동작이라고 생각했다. 하지만 지금 그 사람에게 줄타기는 아무것도 아니다.

나이아가라 폭포의 협곡 위로 줄을 설치하고 그 위를 걷는 사람들이 있다. 만약 그들이 건너편으로 도달할 수 있다는 확신이 없었다면 그런 행동을 생각이나 했을까?

흔히 사람들은 '확신'이라는 단어를 아무렇지 않게 사용하면서 이 말에 들어 있는 중요성을 잘 인식하지 못한다. 많은 사람은 확신을 개인이 지니거나 지니지 않은 특성, 타고나거나 타고나지 않은 개성으로 생각한다.

진실은 명확하다. 확신은 대가를 치를 준비가 되어 있을 때 기를 수 있는 정신 상태다. 하지만 얻게 될 보상에 비하면 치러야 할 대가는 작다는 것을 이해해야 한다. 번영하고 의미 있는 삶을 살기를 소원하는가? 확신 없이는 이런 삶을 살 수 없다.

사람들은 현재의 삶보다 더 나은 상황에 대한 소원을 품는다. 당신의 소원은 억만장자가 되는 것일 수도 있고 사업에 크게 성공하는 것일 수도 있다. 스포츠 선수라면 올림픽에서 메달을 따는 것이 소원일지 모른다.

돈이 거의 없는 사람이라면 억만장자가 될 수 있다는 확신이 필요하다. 평범한 일을 하는 평범한 근로자라면 회사를 세우고 성공시킬 수 있다는 확신이 필요하다. 올림픽에서 메달을 딴 선수들은 확신이 없었다면 메달을 따지 못했을 것이라고 말한다. 실제로 확신이 없었다면 올림픽에 출전하는 것 자체가 어려웠을 것이다.

확신이 없으면 낯선 사람을 만나 인사하는 일도 무척 어렵다. 확신이 없는 사람은 모르는 사람과 악수를 하려고 손을 내밀 때 마치 아기가 처음 걸음마를 시도할 때처럼 서툴게 보인다.

확신은 자신감이다

◇◇◇◇

당신은 확신이 아주 흥미진진하고 설레는 새로운 삶으로 가는 여권이 될 수 있다는 진실을 이해하기 시작했을 것이다. 확신이 있다면 마음이 이끄는 곳으로 자유롭게 가서 해야 할 일을 할 수 있다. 의문의 여지 없이 확신은 품격 있는 힘이다. 확신에 이런 강력한 힘이 있기에 사람들은 확신에 찬 사람에게 사로잡힌다.

비행기에서 낙하산을 타고 탈출해야 하는 상황이라면 낙하산에 대한 확신이 필요할 것이다. 낙하산의 구조는 어떤지, 어떤 재료로 만들어졌는지, 잘 펼쳐질 것인지 등에 대한 확신이 있어야 낙하산에 몸을 맡기지 않겠는가? 낙하산에 대해 잘 알면 알수록 확신은 더 커지거나 더 줄어든다. 우수한 재료로 잘 만들어져 잘 펼쳐진다는 것을 알면 강한 확신을 얻는다. 하지만 불량 재료로 만들어져 군데군데 찢어져 있으며 구조가 조악하고 잘 펼쳐지지 않는다는 것을 알면 확신은 줄어들 것이다. 그런 경우 낙하산이 안전하다는 확신을 전혀 얻지 못할 수 있다. 이처럼 낙

189

하산에 대한 확신은 낙하산에 대한 지식에 좌우된다.

이 확신이란 대원칙을 당신에게 적용해보자. 이 때의 확신은 자신감이다. 자신에 대해 더 잘 알수록 확신은 더 커진다. 완벽하고 거침없는 자신감이 있을 때 당신은 인생에서 전진할 수 있다. 혹시 잘 모르는 분야가 있는가? 그렇더라도 자신감을 가져라. 자신 감은 긍정적인 태도로 확신을 기르게 해주는 자격증이나 다름없다. 자신감이 있으면 잘 모르는 분야라도 정복할 수 있다는 확신을 얻을 수 있다.

한 가지 예를 생각해보자. 안정된 월급을 받는 관리직에서 계속 일해온 사람이 갑자기 변화에 대한 소원이 생겨 성과 수당만 월급으로 받는 판매직으로 자리를 옮긴다고 해보자. 그 사람에게 자신감이 충분하다면 어떨까? 아마 그는 자신이 제대로 조사하고 노력하기만 한다면 매우 확신에 찬 세일즈맨이 될 수 있음을 알 것이다.

반대로 자신감이 낮은 사람은 마음에 의심이 생길 수밖에 없다. 성과 수당만 받는다는 생각을 할 때마다 두려움이 그의 정신을 지배할 것이다. 그러면 사고가 마비될 수 있고 세일즈라는 행동 자체를 할

자신에 대해 더 잘 알수록
확신은 더 커진다.

수 없게 된다. 자신감이 부족하면 항상 마음의 소원을 억누르면서 평생을 즐겁지 않은 일을 하며 살게 될지 모른다. 자신감이 결여된 사고방식은 많은 질병을 유발하기도 한다.

마음의 소원을 적극적으로 좇지 않는다면 틀림없이 좌절하고 만다. 이런 좌절은 사랑하는 사람과의 관계는 물론이고 삶의 모든 영역에 영향을 미친다. 잠시 이런 사고의 흐름을 따라가면서 자신감 부족이 당신에게 어떤 영향을 미치는지, 어떤 결과를 만드는지 생각해보자.

불행하고 좌절한 사람은 대개 예민함이란 스위치가 언제든 켜질 일촉즉발의 상황에 있다. 가까운 사람이 무슨 일을 하든 그들은 짜증을 낸다. 그러면서 그들은 자신의 문제가 짜증 내는 행동이라고 생각한다. 하지만 그런 행동은 단순히 증상에 불과하다. 문제의 진짜 원인은 자신감 부족이다. 자신감이 부족해서 소원을 억누르고 그로 인해 좌절감이 생긴다.

이런 사람들이 자신감을 크게 키우는 방법이 있다. 자아상을 더 높게 설정해 자신이 진정으로 원하는 모습을 조사하고 연구하는 것이다. 그러면 현재 상태에서 한 걸음 나아가 자신의 소원을 좇게 될 것이다. 좌절감은 사라지고 행복과 열정이 그 자리를 채울 것이며 예민함은 마음의 평화로 바뀔 것이다. 그들이 얻은 자신감은 온 세계가 추구하는 평온함을 가져올 것이다.

아인슈타인은
당신이나 나보다 더 위대하지 않다

◇◇◇◇◇

거울을 보라. 거울에 비친 당신 모습은 단순한 도구에 불과하다. 당신은 그 몸을 빌려, 그리고 그 몸을 활용해 기적 같은 삶을 경험하고 있다. 당신의 몸은 '마음'이라고 부르는 활동의 물리적인 구현이다. 우리는 마음을 두고 무수히 많은 말들을 쏟아낸다. 하지만 마음을 정확하게 표현하는 경우는 매우 드물다.

우리는 '나의 마음' '그의 마음' '그녀의 마음' '그들의 마음'이라는 말을 한다. 마음에 관한 대화를 듣다보면 사람들은 모두 저마다의 마음을 가지고 있다고 생각하는 것 같다. 수십억 명이 있으면 마음도 수십억 개 있다고 생각한다. 하지만 그렇지 않다. 마음은 하나다. 이 세상에는 단 하나의 마음만 존재한다. 이 말이 충격적이라고 느끼는 사람도 있을 것이고 그렇지 않은 사람도 있을 것이다.

당신과 나, 그리고 모든 사람은 하나의 보편적 마음이 개별적으로 나타난 존재다. 당신의 마음과 알베르트 아인슈타인Albert Einstein의 마음은 하나의 마음이다. 보편적 마음에는 현재 존재하거나 앞으로 존재할 모든 지식이 담겨 있다. 우리는 모두 영적인 존재다. 그 누구도 다른 사람보다 더 강력한 힘을 지니거나 더 풍부한 지식을 갖추거나 더 탁월한 자원을 활용할 수 없다.

겉모습만 봐서는 진실을 알 수 없다. 겉으로 볼 때는 당신이 어떤 일을 열심히 하지만 그 일이 당신의 소원과 상관없는 일일 수 있다. 당신은 원하는 일을 한다고 생각할 수 있지만 실제로는 그렇지 않을 수 있다는 뜻이다. 따라서 성취감을 주는 삶을 살려면 자신에 대한 인식이 필요하다. 이 장을 반복해서 읽고 또 읽으면 자기 인식이 높아질 것이다. 그러면 마음속의 모든 소원을 추구하고 이룰 능력이 자신에게 있음을 알게 된다. 당신에게는 모든 일이 가능하다. 진실로 당신은 무한한 힘이 개별적으로 표현된 경이로운 존재다.

아인슈타인은 자신이 당신이나 나보다 더 위대하지 않다는 진실을 알고 있었다. 아인슈타인이 더 위대한 사람이고 특별한 능력을 부여받았다고 생각하는 건 우리의 무지 때문이다. 위대한 업적을 이룬 사람은 당신이나 내가 하는 일보다 더 위대한 일을 하는 방법을 인식했을 뿐이다. 그들은 할 수 있지만 당신은 할 수 없다고 생각하는 건 잘못된 생각이다. 그들이 했다면 당신도 할 수 있다는 진실을 깨달아야 한다. 다른 사람이 어떤 업적을 이루었든 당신 역시 그 일을 이룰 수 있다.

당신이 1년에 5만 달러에서 10만 달러를 버는 세일즈맨이라면 수입을 2배로 늘리고 싶다는 소원이 있을지 모른다. 이때 당신이 기억해야 할 중요한 점이 있다. 당신의 마음은 당신이 할 수 없는 일은 절대 소원하지 않는다.

마치 신이 우리 각자에게 자신의 인식 수준이나

당신의 마음은
당신이 할 수 없는 일은
절대 소원하지 않는다.

능력 수준 이상의 일을 소원하지 않게 하는 유전 장치를 심어놓은 것과 같다. 공장에서 청소부로 일하는 사람은 우주선을 타고 달에 가는 것이 자신에게 어울리지 않는다고 생각할지 모른다. 그는 그런 우주여행을 진정으로 소원하지 않을 것이다. 만약 그가 계속 교육을 받으며 더 높은 수준의 공부를 해서 과학자나 시험 비행 조종사가 된다면 달에 가고 싶다는 진정한 소원이 생길 수 있다.

당신의 마음에 무슨 소원이 있든 당신은 그 모습이 될 수 있고, 그 일을 할 수 있고, 그것을 가질 수 있다. 당신은 할 수 있다. 당신의 낡은 사고 프로그램은 당신의 소원이 한낱 꿈에 불과하다고 비난할지 모른다. 그런 내면의 소리가 설득력 있게 들릴 수 있다. 낡은 사고가 당신을 방해하지 못하게 하라. 그런 사고에는 추진력이 없다. 그저 안전지대에서 머물 생각만 하게 만든다. 확신이 커지면 꿈이 이루어진다.

놓치지 말아야 할 가장 중요한 진실은 당신이 꿈을 이룰 수 있다는 것이다. 그 일이 어떻게 이루어질지는 중요하지 않다. 그 일이 반드시 이루어진다는 걸 아는 것이 중요하다.

스스로를
사랑하는 법을 배워라

◇◇◇◇

자신의 확신을 측정하는 기준이 되는 본보기를 원하는가? 확신의 본이 되는 사람을 알아보기 전에 한 가지 연구 결과를 언급하고 넘어가자. 남성과 여성이 가장 두려워하는 것에 대한 여러 연구에 따르면 대중 앞에서 말하기가 두려움 목록 상위에 올랐다. 평범한 사람은 대중 앞에 나서서 말하는 것을 죽는 것보다 더 두려워한다.

이러한 연구 결과를 생각하며 긴장을 풀고 다음 상황을 머릿속으로 시각화해보라. 윈스턴 처칠은 미국 육군사관학교 졸업식 연설을 부탁받았다. 구체적으로 성공과 성공을 이루는 방법에 관해 이야기해달라는 요청을 받았다. 처칠은 강단으로 천천히, 조심스럽게 걸어갔다. 당시 처칠은 인생 말년을 보내고 있는 아주 연로한 노인이었다.

청중석은 죽은 듯이 고요했다. 그 자리에 참석한 모두가 처칠의 연설이 역사에 남을 만한 사건이라고 생각했다. 졸업식장 안에는 처칠이 카펫을 뚜벅뚜벅 걸어가는 소리만 들렸다. 처칠은 천천히 마이크 앞에 서서 지팡이를 내려놓고 모자를 벗고 시가를 옆에 놓인 탁자에 올려놓고 안경을 매만졌다. 그러고는 말없이 청중을 바라보았다.

그런 다음 마이크에 다가가 단 한마디 말을 했다.

절대 포기하지 마십시오.

고요한 침묵이 이어졌다. 잠시 후 처칠은 다시 또박또박 말했다. "절대 포기하지 마십시오." 그는 다시 청중을 가만히 바라보았다. 쥐 죽은 듯 고요한 침묵이 한동안 흐른 뒤 처칠은 다시 반복했다. "절대 포기하지 마십시오."

이 말을 한 후 처칠은 다시 모자를 쓰고 지팡이를 집어 들고 시가를 입에 물고 천천히, 조심스럽게 강단에서 내려와 청중 사이 중앙 통로를 지나 졸업식장을 떠났다.

이 연설이야말로 확신의 품격 있는 힘을 가장 확실하게 보여주었다. 졸업식 연설에서 한마디만 하고

자신이 어떤 존재인지 확신하라

떠난 처칠처럼 행동하려면 완벽하고 절대적인 확신이 필요할 것이다. 처칠처럼 행동하고 싶은 사람은 자신이 어떤 존재인지 알고 온전히 받아들여야 한다. 이것이 바로 확신이다. 어떤 상황에 있든 자신이 어떤 존재인지 알고 온전히 받아들이는 것이 확신이다. 확신이 있고 없고는 외부에서 벌어지는 일과는 아무 관련이 없다. 확신은 자신의 내부에서 어떤 일이 일어나느냐에 좌우된다.

처칠의 이야기를 끝내기 전에 그의 삶에서 흥미로운 점 한 가지를 더 살펴보자. 이 장과 관련된 내용이라 소개해보겠다. 이 일화는 그의 확신을 완벽하게 보여준다. 처칠이 졸업식에서 유명한 한마디 연설을 했을 당시 그는 아주 연로한 노인이었다고 앞서 말했다. 그가 60살에 사망했다면 역사는 그를 기억하지 않았을 것이다.

영국 정부는 해군 장관이던 42살의 처칠을 불명예스럽게 물러나게 했다. 그로부터 20년 후 영국 국민은 2차 세계대전에서 아돌프 히틀러Adolf Hitler의 군대에 맞설 장군으로 처칠을 다시 불러냈다. 처칠은 자신에 대한 대중의 반감이 너무 강해 해군 장관에서 불명예스럽게 물러났다. 하지만 그런 상황에서도 그가 계속 전진할 수 있었던 것은 그의 확신, 즉 처칠이 처칠에 대해 가진 생각 때문이었다. 대중은 처칠을 거부했을 수 있지만 처칠은 처칠을 거부하지 않았다. 그가 대중의 반대를 견딜 수 있었던 것은 자신이 누구인지 알고 스스로를 받아들였기 때문이다. 이는 당신에게도 똑같이 적용된다. 확신이 있다면 당신의 아이디어가 거부당할 때도 계속 전진할 수 있을 것이다.

당신의 가장 친한 친구는 당신 자신이어야 한다. 스스로를 사랑하는 법을 배워라. 자신이 훌륭하지 않다고 생각한다면 그 누구도 의미 있는 목표를 추구할 수 없다. 당신은 훌륭하다. 당신은 훌륭한 것 이상으로 탁월하다.

당신은 지금까지 살아오면서 신에게 받은 능력을 아주 조금만 사용하는 대다수의 집단에 속해왔을지 모른다. 당신은 그런 다수보다 더 훌륭하다. 그 집단에서 벗어나라. 자신에 대한 의심이 들거나 이 책의 교훈에 의문이 생긴다면 직접 테스트해보라. 단기 목표 몇 가지를 정하라. 정신 근육의 긴장을 풀어라.

당신의 가장 친한 친구는
당신 자신이어야 한다.

자신을 확신이라는 품격 있는 힘을 지닌 사람으로 보라. 스스로를 믿는 일에 특별한 공식은 없다. 하지만 내가 개인적으로 발견한 방법은 있다. 이 책에 담긴 정보를 잘 흡수할수록 스스로에 대한 믿음과 자신감이 더욱 커질 것이다.

영국 국민은 처칠이 확신을 굽히지 않았기 때문에 20년 동안 그를 맹공격했다. 하지만 처칠은 당당했다. 처칠이 역경의 시기에 영국을 구출하고 자신을 비난하던 사람들에게 큰 감명을 줄 수 있었던 것은 이런 그의 확신 덕분이었다. 정신을 강화하라. 자신을 비난하는 사람들을 이끌어라. 상상력을 사용하라. 상상력을 발휘해 자신을 강력하고 대담하고 용기 있게 꿈을 좇는 사람으로 보라.

밤이 물러가고 낮이 밝아오는 매일 아침, 의지를 발휘해 냉기를 몰아내라. 당신이 전진하고 있다는 것을 잊지 마라. 매일 아침 강력하고 강인하고 탁월한 소수에게만 알려진 곳으로 가라. 당신이라는 존재의 영적 핵심이 있는 곳으로 들어가서 무한한 힘과 연결하라.

당신 뇌의 모든 세포에 확신이 흐르는 것을 느껴

보라. 확신이 중추신경계를 통과해 당신의 몸과 마음 곳곳에 번쩍이는 불빛을 뿜어내는 것을 느껴라. 그러면 살면서 어떤 어려움에 직면해도 맞설 준비가 되어 있음을 알게 될 것이다. 당신을 따르기로 선택한 사람들을 확신에 찬 태도로 이끌 수 있을 것이다.

당신은 다이너마이트다. 다이너마이트라는 말은 마음속에 폭발적인 힘의 이미지를 활성화한다. 그러므로 당신은 자신의 모습을 생각하면서 이 폭발적인 힘의 이미지를 떠올려야 한다. 확신이 있으면 이런 이미지가 자연스럽게 떠오를 것이다. '나는 다이너마이트다'라는 생각을 할 때마다 그 힘이 몸과 마음에 밀어닥친다. 확신이라는 감정이 당신을 지배한다. 이는 당신이 일으키는 일이다.

영은 영원하고 전지전능하다. 하지만 영은 당신이 허락할 때만 당신의 의식을 채운다. 당신은 영혼이다. 당신이 영과 연결한 결과가 확신이다. 당신의 모든 세포를 채우는 영원하고 전지전능한 영을 인식할 때 당신은 품격 있는 힘을 얻는다. 이러한 인식에 대해 당신 생각대로 설명해보라. 그런데 친구여, 이 인식을 바로 확신이라고 한다. 확신이 있을 때 당신을 방해하는 것은 아무것도 없다. 당신은 계속 앞으로 나아가며 속도를 높여 달린다. 당신은 품격 있는 힘이며 지속하는 존재다.

확신 키우기 1단계: 자아상을 검토하라

◇◇◇◇

당신은 이제 확신이 가장 탁월한 대원칙 중 하나임을 인식했다. 그런데 확신은 가장 중요한 대원칙 중 하나기도 하다. 확신은 자유롭고 창조적인 삶의 핵심이다.

이 세상에는 훌륭한 태도를 지닌 사람들이 많다. 그들은 정말로 괜찮은 사람들이다. 그들은 한 가지 대원칙인 끈기 있는 태도를 기르고, 또 다른 대원칙인 책임감을 실천한다. 그들은 자신이 얻는 결과에 대한 책임이 자신에게 있음을 빠르게 인정한다. 하지만 확신은 잘 드러내지 못한다.

이 세상에는 확신이 없는 괜찮은 사람들로 가득하다. 그들은 확신을 잘 갖지 못한다. 그리고 해를 거듭할수록 계속 확신을 잃는다. 당신은 그런 사람들을 많이 안다. 보람도 없고 재미도 없는 지루한 직장 생활을 이어가는 사람, 자유롭고 멋진 관계에 대한 확신이 없어서 파괴적이고 폭력적인 관계를 벗어나지 못하는 사람 등이 잇따라 떠오르지 않는가? 그들은 자신이 변화를 만들 수 있다는 확신이 없다. 훌륭한 사람인데 확신이 부족한 사람이 수백만 명에 이른다. 당신도 그런 사람을 수십 명은 알 것이다. 그중 많은 사람은 지적 수준이 높다. 뛰어난 자격증을 보유하고 있다. 하지만 확신은 갖지 못한다. 그리고 확신이 부족한 이유도 모를 때가 많다.

그들 중 어떤 사람은 내가 확신에 대해 한 말을 모두 외워서 쓸 수 있을 정도다. 그래도 그들은 여전히 확신을 갖지 못한다. 거짓말 탐지기로 속마음을 확인하면 그들은 확신이 생길 거라는 기대조차 하지 않음을 알게 될 것이다. 그들은 행복하지 않다. 그들의 좌절은 끝이 없어 보인다. 그들은 자신이 무엇을 해야 할지 모른다.

무엇을 해야 할까? 이제 이 질문을 설명할 때가 되었다. 이제부터 다루는 내용은 자신감이 전혀 없는 사람이든 자신감이 엄청난 사람이든 누구에게나 적용되는 이야기다.

현재 어느 정도의 확신을 지녔느냐와 상관없이 더 큰 확신을 가질 수 있는 3단계를 소개하겠다. 이 3단계는 당신에게도 유익할 것이다. 누구에게나 발전 가능성이 있다. 이 세상에서 가장 큰 가능성은 무엇일까? 예전에 누군가가 자기계발의 가능성이라고 했다. 나는 그 말에 동의한다.

더 큰 확신을 얻는 첫 단계는 '자아상 검토하기'다. 자아상 검토는 확신이 계속 샘솟게 만드는 정신 메커니즘의 중요한 요소다. 뭔가를 생각하면 그것에 대한 이미지가 함께 떠오른다. 당신은 당신 자신을 생각할 때 어떤 이미지가 떠오르는가? 당신은 스스로를 영이 주는 생명의 장엄한 표현으로 보는가? 그래서 자신에 대해 생각하면 영원하고 전지전능한 영이 당신을 통해 흐르게 하는 생명, 당신이 마음껏 열어젖힐 수 있는 생명의 위대한 표현이라 여기는가?

당신은 생명을 주는 힘인 이 영을 창조적으로 실어 날라 퍼뜨리는 존재다. 이 진리를 생각하라. 생각하고 또 생각하라. 영이 어떤 모습으로 나타나기를

자신이 어떤 존재인지 확신하라

207

원하는가? 당신이 원하는 모습이 무엇이든 영은 그 모습이 될 것이다.

영의 법칙은 당신이 그리는 자아상이 무엇이든 그 모습이 당신에게 이루어진다고 알려준다. 당신이 꿈꾸는 자아상을 그릴 때 자신을 봉사하는 삶을 살고 행복하고 건강하고 성공한 개인으로 그려라. 당신의 창조적인 능력이 이런 이미지를 그릴 수 있게 해줌을 이해하라. 당신의 꿈은 비물리적인 형태로 잘 조직된 영이다. 영의 법칙은 비물리적으로 조직된 형태를 반드시 물리적으로 조직된 형태로 바꿔놓는다.

자아상을 확립했는가? 이 자아상은 당신의 놀라운 몸과 마음에 새겨진다(몸과 마음이 분리될 수 없다는 것을 기억하라). 그러므로 마음속 자아상은 몸을 통해, 그리고 몸을 활용해 물리적인 형태로 바뀐다. 당신이 꿈꾸는 이미지를 계속 붙들고 있는 한 이 이미지는 당신의 활동에 영향을 미친다. 이 이미지는 또한 당신이 삶에 무엇을 끌어당기는지를 결정한다.

11장 창조성에서는 창조의 과정을 매우 깊이 있게 다룬다. 거기에서 내가 영이라고 부르는 영원하고, 전지전능하고, 생명을 주는 힘과 연결할 수 있다

208

는 개념을 더욱 자세히 다룰 것이다. 당신은 마음먹은 대로 이 힘과 연결할 수 있다.

당신은 자신의 모습을 생각할 때 이런 놀라운 힘을 가진 존재로 보는가? 영은 당신이 원하는 세상을 만들려고 당신과 조화를 이루며 협력하려고 한다. 이런 영의 의지가 보이는가? 이런 생각이 당신의 감정에 더 많이 흐르게 할수록 확신은 더욱 크게 자라날 것이다. 당신이 나타내는 확신의 수준은 영원하고 전지전능하고 생명의 원천인 영과 당신이 하나임을 인식하는 수준에 정비례할 것이다.

일반적인 통념과 달리 확신은 지능과는 거의 관련이 없다. 하지만 믿음과는 전적으로 관련이 있다. 그래서 별로 똑똑하지 않은 사람들이 자신의 한계를 벗어나 확신에 차서 꿈을 실현하고, 반대로 교육 수준과 지능이 높은 사람들이 꿈을 저버리고 자신이 싫어하는 직장에서 벗어나지 못한 채 두려움 가득한 삶을 사는 일이 흔히 벌어진다. 기억하라. 확신은 각별하다. 그리고 확신을 키우는 첫 번째 단계는 자아상 검토다.

확신 키우기 2단계:
자신의 강점과 약점을 검토하라

◇◇◇◇

확신을 키우는 두 번째 단계는 '자신의 강점과 약점 검토하기'다. 종이와 펜을 꺼내 몇 가지 강점과 약점의 목록을 만들어보라. 자신에게 솔직하다면 아마 약점이 강점보다 단연코 더 많을 것이다. 만약 그렇지 않다면 솔직하게 다시 해보길 권한다.

의아하게 생각할지 모르겠지만 나는 대부분의 자기계발 프로그램이 제안하는 것과 정반대되는 행동을 하라고 제안할 것이다. 약점을 개선하겠다는 생각은 버려라. 약점을 고치기보다 약점을 잘 관리하면서 강점을 개발하는 데 에너지를 집중해야 한다. 다시 말해 당신의 노력과 집중력을 이미 잘하고 있는 일을 더 잘하는 데 쏟아야 한다. 그 일의 대가가 될 때까지 잘하는 일에 계속 집중하라.

잠시 나와 함께 이 중요한 개념을 탐구해보자. 사람들은 일반적으로 가장 좋아하는 일을 한다. 어떤 일을 좋아하는 건 그 일을 잘하기 때문이다. 어떤 일을 하면 할수록 더 잘하게 되고 더 즐기게 된다. 이미 잘하고 있고 즐기는 일을 더 잘하려고 열심히 자신의 에너지를 쏟아부으며 전념하는 것은 전혀 일로 여겨지지 않는다. 그것은 사랑해서 하는 행동이다. 일을 놀이처럼 즐기며 살아간다고 상상해보라. 이런 인생을 어떤 말로 표현하겠는가? 나는 이렇게 말할 것이다. "이봐, 친구. 이게 살아 있는 거야."

한 가지 더 생각해보자. 당신은 확신에 찬 태도로 하루하루를 보내는가? 당신의 일에 확신을 드러내는가? 분명히 그럴 것이다. 당신은 확신에 찬 분위기를 뿜어낼 것이다. 그리고 확신에 차서 이렇게 말할 것이다. "나는 훌륭한 사람이야. 난 내가 훌륭한 사람이라는 걸 알아. 내가 왜 훌륭한지도 알아." 이것이 확신이다.

자신이 왜 훌륭한지 모르면서 훌륭하다고 말하면 확신이 아니라 자만이다. 확신과 자만의 차이는 미묘하다. 하지만 확신에서 나오는 행동과 자만에서 나오는 행동에는 큰 차이가 있다. 당신은 자신이 훌륭하다는 것을 안다. 그리고 영이 당신을 훌륭하게 만들어줌을 인식하기 때문에 자신이 훌륭한 이유도

약점을 개선하겠다는 생각은 버려라.
약점을 잘 관리하면서
강점을 개발하는 데 집중하라.

안다. 당신은 자아상을 선택하고, 꿈을 결정하고, 영과 연결한다. 이 연결이 확신을 낳는다. 당신이 이룬 성과의 공로를 자신에게 돌리지 않기 때문에 공로는 영에 돌아간다. 그리고 당신의 자아는 적절한 곳에 자리한다.

모든 일을 할 필요는 없다. 모든 일을 잘할 필요도 없다. 당신이 잘하지 못하는 일은 잘할 수 있는 사람에게 맡기면 된다. 그들은 그 일을 즐기기 때문에 잘한다. 당신의 약점이 그들의 강점이다. 당신의 약점을 관리하라. 그리고 당신의 강점을 개발하라.

당신이 잘하지 못하는 일을 잘하는 사람에게 당신의 꿈을 알려라. 당신의 꿈이 그들의 꿈이 되게 하라. 그러면 즐기는 일, 잘하는 일을 하며 하루하루를 보내는 강력하고 확신에 찬 사람들을 얻게 될 것이다. 모두가 하나의 꿈을 위해 함께 전진할 것이다. 우리 내면의 목소리는 삶이 그래야 한다고 말하지 않는가? 기억하라. 확신을 키우는 두 번째 단계는 강점을 개발하고 약점을 관리하는 것이다.

확신 키우기 3단계:
남들의 장점을 찾아 칭찬하라

◇◇◇◇◇

세 번째이자 마지막 단계는 '남들의 장점을 찾아 칭찬하기'다. 정신을 훈련해 다른 사람들이 스스로 모르는 그들의 장점을 찾아 칭찬하라. 이를 실천하면 다른 사람의 마음에 기쁨을 안겨줄 것이다. 만나는 모든 사람을 이 세상에서 가장 중요한 사람으로 대하기 시작하라.

그들의 몸을 새로운 시각으로 바라보라. 몸과 마음이 분리되지 않는다는 것을 잊지 말고 그들의 몸을 그들의 마음이라고 생각하라. 모든 사람이 영원하고 전지전능한 생명의 원천인 영의 표현이자 도구라고 생각하라. 당신이 그들을 바라보고 대하는 방식에 그 누구의 영향도 받지 마라.

그들의 말이나 행동, 그들이 얻는 결과를 보면 그들은 자신을 좋아하지 않는 것 같을 수 있다. 그렇다 해도 그들을 사랑하라. 그들이 잘하는 것을 찾아라. 당신이 그들의 장점을 알아냈다고 말해주라. 모

214

두에게 진실하고 합당한 칭찬을 하라. 그들이 잘 해내는 일은 그들을 통해 빛나는 영이다. 그 영을 찾아라. 오래된 조언을 기억하라. 구하라. 그러면 얻을 것이다.

이 세 번째 단계에는 아름다운 진리가 숨어 있다. 바로 당신이 다른 사람에게서 찾아내는 장점은 당신이 스스로에게서 보는 장점의 거울상이라는 점이다.

이런 과정이 어떻게 확신을 키우는지 궁금한가? 기억해보자. 진정한 확신은 원대한 목표나 꿈이 물리적 현실로 변함을 아는 것이다. 당신은 이런 종류의 확신을 키워야 한다. 바로 이런 확신이 샘 칼레누이크의 확신이었고 그래서 그는 "원대한 꿈을 품으면 현실은 중요하지 않다"라고 말할 수 있었다.

모든 사람에게 있는 영을 찾아라, 그러면 발견하기 시작할 것이다. 그러면 전부 다 영이 하는 일임을 이해하기 시작한다. 이제 당신의 놀라운 정신에는 무엇이 생길까? 빙고! 당신에게 앎이 생긴다. 그 결과 당신의 몸 곳곳에 스며든 확신이 당신이라는 존재 자체에 진동을 일으킬 것이다.

세 번째 단계는 간단하면서 재미있다. 이 단계를 실천하면 기쁨이 퍼진다. '다른 사람에게서 영과 연결된 증거를 찾아라.' 찾았다면 그들에게 알려주라. 날마다 모두를 칭찬하라.

나는 확신이라는 대원칙을 다룬 이 장을 쓰면서 즐거웠다. 내가 즐거웠던 만큼 당신도 이 대원칙을 통해 유익을 얻기를 바란다. 이 장을 쓰면서 나의 인식이 확장되는 것을 느낄 수 있었다는 것도 말해야겠다. 이 점에 진심으로 감사하다. 이 확장된 인식을 나중에 다룰 대원칙인 창조성에서 분명히 보여주겠다.

1. 확신은 영혼과 영이 연결될 때 생기는 감정이다.

2. 확신이 생길 때 당신은 우주와 조화를 이루는 것이다.

3. 확신은 품격 있는 힘을 준다.

4. 확신한다는 것은 안다는 것이다. 확신을 지닌 사람은 스스로 알고 있다는 것을 알며, 왜 아는지도 안다.

5. 확신은 눈에 보이지 않는 힘을 만들어준다. 그래서 확신에 찬 사람은 주변 모두의 시선을 사로잡는다. 확신은 다른 사람이 찬사를 보내는 특성이다.

6. 확신은 당신의 몸과 마음에 진동을 일으켜 사람들이 당신의 능력을 신뢰하게 된다. 확신은 당신의 인도를 따르는 것이 안전하다는 느낌을 사람들에게 심어준다.

7. 모두에게는 확신이 있다. 원하는 시간과 장소에서 확신을 드러내지 못할 수는 있지만 당신에게는 확신이 있다.

8. 확신은 당신이 할 수 있다는 진실을 알게 될 때 생긴다.

9. 확신은 타고나는 것이 아니다. 하지만 대가를 치르는 사람은 확신을 기를 수 있다.

10. 확신은 성공적이고 자유로운 삶을 살기 위해 꼭 필요하다.

11. 확신이 있으면 마음 깊이 품고 있는 소원을 이룰 수 있다.

12. 영원하고 전지전능한 영과 맺는 관계를 이해하면 꿈꾸는 것은 무엇이든 될 수 있고, 할 수 있고, 얻을 수 있다는 확신을 얻는다. 그 일이 어떻게 성취될지는 몰라도 확신이 생긴다. 확신은 영이 주관하는 법칙의 작용을 믿을 때 생긴다.

13. 확신은 재미나고 설레는 삶으로 가는 여권이다.

14. 자신감이 부족하면 의심과 두려움이 가득한 삶을 살게 된다.

15. 좌절은 마음의 소원을 무시하는 사람에게 생긴다.

16. 마음의 소원은 삶에 더욱 큰 유익을 준다.

17. 이 세상에는 단 하나의 보편적인 마음이 있다. 모든 사람은 하나의 무한한 힘이 구현된 존재다. 당신의 마음과 알베르트 아인슈타인의 마음은 하나다.

18. 사람들 사이에 존재하는 유일한 차이는 겉모습과 결과다. 우리는 모두 똑같은 잠재력을 지니고 있다.

19. 자신의 역량 이상으로 뭔가 되고 싶고, 하고 싶고, 갖고 싶다

는 소원을 키우는 사람은 없다.

20. 처칠이 보여준 확신은 따를 수 있는 탁월한 본보기다.

21. 확신을 지닌 사람은 실패가 자신의 성장 패턴을 망치게 놔두
    지 않는다. 그리고 다른 사람의 비난에도 영향받지 않는다.

22. 확신은 어떤 상황에서든 자신이 어떤 존재인지 알고 자신을
    온전히 받아들이는 것이다.

23. 당신의 가장 친한 친구는 당신이어야 한다.

24. 당신이 훌륭하다는 것을 알아라. 당신은 훌륭한 수준을 뛰어
    넘어 탁월하다.

25. 매일 아침 강력하고 강인하고 탁월한 소수에게만 알려진 곳
    으로 가라. 그곳에서 무한한 힘과 연결하고 하루를 준비하라.

26. 확신을 더욱 키우려면 다음 3단계를 실천하라. 1) 자아상을
    검토하라. 스스로를 빛나는 존재로 보라. 2) 강점을 개발하고
    약점을 관리하라. 3) 모든 사람에게서 장점을 찾아라.

CHAPTER 07

행동

폭발적으로 행동하라

엄청난 행동을
하는 사람이 돼라

◇◇◇◇◇

영화나 드라마 촬영 현장을 가면 감독이 "액션!"이
라고 외치는 광경을 볼 수 있다. 그러면 카메라가 돌
아가고 이야기가 전개되기 시작한다. 전쟁에서는 '전
투'나 '작전'이란 뜻으로 쓰이는 이 액션이라는 말이
매우 부정적인 상황, 고통스러운 상황을 연출할 수
있다. 군인들이 부상당하거나 전사했다는 소식을 빈
번히 듣게 되기 때문이다.

　여기서는 이 '행동action'을 매우 긍정적인 대원
칙으로 소개할 것이다. 행동이라는 개념이 당신의 삶

에서 대단히 긍정적인 역할을 하기를 바란다. 행동을 당신에게 힘을 주는 원칙으로 삼아라. 엄청난 행동을 하는 사람, 탁월한 활약을 하는 사람, 위대한 일을 해내는 사람이라는 평판을 얻겠다고 결정하라.

휴가를 간다면 보람차고 뜻깊은 여행으로 만들어라. 기억에 남을 만한 여행, 잊지 못할 여행으로 만들어라. 전 세계를 여행지로 삼아라. 사업을 키우는 행동에 나선다면 2배, 3배, 10배로 확장하라. 행동할 때는 폭발적으로 해야 한다. 그래야 다른 사람이 쉽게 간여하지 못한다. 그러니 엄청난 행동을 하는 사람이 돼라.

때때로 위대한 신념을 지닌 사람에 관한 이야기를 듣게 된다. 그런 이야기에서 기억해야 할 지혜가 있다. 행동하지 않는 신념은 쓸모없다는 것이다.

독일 철학자 괴테Goethe는 이런 말을 했다.

뭔가를 '할' 수 있으려면 먼저 뭔가가 '되어야' 한다.

뭔가를 하는 것, 다시 말해 행위doing는 정신에서 이미 일어난 일을 외부로 표현하는 것이다. 행위

224

는 정신에 새겨진 이미지의 표현이다. 이런 맥락에서 보면 행동과 행위는 같은 말이다. 하지만 행동이라는 말은 뭔가를 하는 과정에 폭발적인 의미를 더한다. 잠시 생각해보자. 《웹스터 사전》을 보면 행동이라는 단어에는 많은 의미가 있다. 그중 한 가지는 '행위의 과정'이다. 하지만 성공의 대원칙을 '행위'라고 하면 행동이라는 표현을 썼을 때보다 강력함이 떨어진다. 행동은 강력한 단어다. 어떤 아이디어를 행동으로 옮기면 그 아이디어를 실현하는 최종 단계에 접어드는 것이다.

행동은 더 고차원적인 활동의 물리적 표현임을 명심하라.

행동은
저절로 나타나야 한다

◇◇◇◇

행동은 하려고 집중해서는 안 된다. 또 억지로 하려고 하면 안 된다. 행동은 저절로, 자동으로 나타나야 한다.

　　내가 행동이란 대원칙을 다룬 이번 장을 쓴 과정이 좋은 사례다. 나는 한동안 이 원칙을 머릿속으로 연구하고 있었다. 이 도시에서 저 도시로 여행하면서, 또는 미식축구 경기를 보면서 나는 문득문득 행동이라는 대원칙을 떠올리며 정신 에너지를 쏟아 다양한 각도로 연구했다.

　　어제 나의 하루는 길었다. 아침 일찍 일어나 집에서 여러 프로젝트를 검토한 후 집을 나서 토론토로 갔다. 그곳에서 '당신은 부자로 태어났다Born Rich'라는 주제로 세미나를 진행했다. 저녁에 집으로 돌아와서는 아들네 가족과 함께 시간을 보냈다. 아들 가족이 떠난 뒤에는 아내와 함께 로버트 레드퍼드Robert Redford의 영화 〈흐르는 강물처럼The River Runs through It〉을 봤다. 잠들기 전에는 쿠알라룸푸르 사무실에 있는 비서 지나Gina와 통화를 했다. 한마디로 나는 완전히 지쳐서 잠자리에 들었다. 밤 11시 30분쯤이었다. 나는 많은 일을 소화하며 바쁜 하루를 마쳤다. 그런데 새벽 3시에 잠에서 깼다. 정신이 또렷했다. 나는 행동이란 대원칙을 글로 쓸 준비가 되어 있었다. 그러니까 행동할 준비가 되어 있었다.

행동이 저절로 나타나려면 어느 정도 정신적으로 준비하는 기간이 필요하다. 나는 한동안 행동 대원칙을 정신에 품고 있었다. 이제 준비되었다. 그 대원칙이 외부로 표현되려던 참이었다. 나는 그것을 쓸 준비가 되었다. 잠에서 깬 시간이 몇 시인지 알았을 때 나는 머릿속에 떠오르는 생각을 물리치고 다시 잠을 청해보려고 했다. 하지만 소용없었다. 게다가 그 생각이 점점 뚜렷해졌다. 나는 주방으로 가서 커피포트를 켜고 글을 쓰기 시작했다.

　　정신적으로 준비가 되어 있을 때 행동은 자동으로 나온다. 그리고 아이디어가 행동으로 나올 준비가 되었을 때는 거부하면 안 된다. 창조 과정에서 행동의 단계는 정신에 새겨진 이미지를 표현하는 단계다.

　　얼 나이팅게일은 현자였다. 그는 내게 중요한 교훈을 많이 가르쳐주었다. 그중 한 가지 교훈이 행동 대원칙과 완벽하게 일치한다. 그는 이렇게 말했다.

아이디어는 미끄러운 물고기와 같다. 펜으로 종이에 잡아두지 않으면 아이디어는 도망가서 영영 돌아오지 않을 것이다.

이 말은 진지하게 생각해볼 가치가 있는 아름다운 진리다.

시간이 흐르면서 나는 경험을 통해 많은 교훈을 배웠다. 나는 사람들이 행동을 너무 엄격하게 통제한다고 결론 내렸다. 위대한 잠재력을 지닌 수많은 사람들이 시간에 얽매인 삶을 살아가며 엄청난 대가를 치른다. 그들은 배고플 때 먹지 않고, 피곤할 때 자지 않는다. 그들은 시계가 가리키는 대로 또는 정신적으로 길들여진 대로 행동한다.

나의 정신 속에서는 행동 대원칙이 정리되었다. 행동 대원칙은 글로 나올 준비가 되어 있었고, 삶의 물리적 지평으로 뻗어갈 준비가 되어 있었다. 새벽 3시든 오후 3시든 시간은 중요하지 않았다. 나는 아이디어를 세상에 내놓을 준비가 되어 있었다. 만약 내가 아침 8시나 9시까지 침대에 누워 있었다면 행동 대원칙의 중요한 많은 내용이 강 하류로 떠내려가 내 손에서 벗어났을 것이다.

당신이 정신에 원대한 아이디어를 품고 있다면 이 대원칙을 기억해야 한다. 행동은 정신에 새겨진 이미지의 표현이다. 행동은 시간이 지시할 때가 아니라 아이디어가 준비되어 있을 때 나타난다.

어느 분야에서든 진정한 전문가는 시계를 쳐다보지 않는다는 것을 알고 있는가? 그들에게 퇴근 시간은 중요하지 않다. 그들은 대중의 명령에 따르거나 복종하지 않는다. 진정한 전문가는 행동할 준비가 되어 있을 때 행동한다. 그들은 아이디어의 탄생이 아기의 탄생과 똑같은 법칙에 지배받는다는 것을 알고 있다.

우리가 방금 다룬 내용을 잘 고찰해보라. 깊이 생각하고 연구해보라. 이 우주에 전지전능한 창조력은 단 하나다. 이 힘은 다양한 방식으로 자신을 드러내지만 언제나 법칙에 따라 작용한다. 모든 형태의 창조는 법칙을 통해 이루어진다.

산모가 태아를 돌보듯
아이디어를 돌보라

◇◇◇◇◇

여성이 아기를 가지면 임신했다고 말한다. 산모가 자

진정한 전문가는
시계를 쳐다보지 않는다.

궁 속의 아기를 출산일까지 잘 보살피다가 순산하려면 따라야 할 특정한 규칙이 있다. 휴식, 긴장 이완, 신체 운동, 걱정과 스트레스 제거, 균형 잡히고 영양가 있는 식사 등을 잘 지켜야 한다. 책임감 있는 산모는 이런 일들을 최우선순위에 둔다.

하지만 잊지 말아야 할 기본적인 진실이 있다. 아기가 태어날 순간이 되면 산모의 관심은 오로지 아기 출산으로만 향한다. 산모가 다시 잠들거나 커피를 마시거나 TV를 보게 하려고 해보라. 과연 그런 시도가 출산이 임박한 산모의 주의를 다른 데로 돌리게 할 수 있을까?

한 가지를 더 주목해보자. 출산이 임박했을 때 산모가 함께하고 싶은 사람은 누구일까? 산모는 자신의 출산을 돕는 데 전심전력을 다하는 유능하고 역량 있는 사람만 원한다.

아기가 무사히 태어나고 산모가 출산이라는 숨막히는 창조의 과정에서 벗어나 산후조리를 잘 끝내면 산모는 아마 친구들과 모여 앉아 쓸데없는 이야기로 수다를 떨며 비생산적인 시간을 보낼지 모른다. 하지만 그럼에도 모두의 관심은 갓 태어난 아기의 기

231

적 같은 장엄함에 쏠린다.

대개 새로운 창조물은 모두의 관심과 감탄을 독차지한다. 신과 조화를 이루어 새로운 창조물을 세상에 탄생시키는 사람들만이 인생에서 가장 큰 만족을 누린다. 많은 사람이 살아가면서 이런 만족감을 얻지 못한다. 나는 늘 엄마들이 아빠들은 절대 이해할 수 없는 만족감을 누린다고 느낀다. 엄마가 아기의 탄생에 하는 기여는 무엇보다 위대한 일처럼 보인다.

이제 '행동'이라는 폭발적인 단어를 다시 생각해보자. 당신은 행동하는 사람으로 인식되고 인정받길 바랄 것이다. 그리고 그렇게 되어야만 한다. 당신은 생명이 창조적으로 표현된 존재다. 당신은 영원하고 전지전능한 창조주와 조화를 이루며 일할 수 있는 정신적 도구를 부여받았다. 우리가 아는 한 당신은 기적 같은 정신력을 부여받은 유일한 생명체다. 당신 존재의 핵심은 완벽하다. 그리고 언제나 확장과 완벽한 표현을 갈망한다.

당신은 위대한 일을 할 능력이 있다. 우리 인간은 쓸데없는 잡담을 하거나 무의미한 활동을 하면서 하루를 보내도록 만들어지지 않았다. 성장하고, 탁월한 인식을 키우고, 상상할 수 있는 모든 즐거운 일을 누리는 것, 이것이 우리의 본분이다. 혹시 마음속에서 끊임없이 피어나며 하루하루 즐거움과 열정을 더해주는 폭발적인 아이디어가 아직 없는가? 그렇다면 지금 하고 있는 일이 무엇이든 그만두라. 편안히 누워서 긴장을 풀어라. 그리고 상상력의 나래를 펼쳐라.

당신의 내면에서 무한한 공급원을 찾기 시작하라. 그리고 당신의 일을 바라보라. 지금 하고 있는 일의 성과를 어떻게 높일 수 있을까? 어떻게 하면 성과를 10배, 50배, 아니 그 이상으로 만들 수 있을까? 성과를 거둘지는 걱정하지 마라. 성과는 얻게 된다. 반드시 얻는다. 이것이 법칙이다.

아이디어가 떠오르면 적어라. 사회생활을 하면서 그렇게 하라. 그런 다음 가정생활로 넘어가라. 그래서 예컨대 다음 휴가 때 즐길 멋진 여행, 세계 일주 여행을 상상하기 시작하라. 기억하라. 긍정적인 행동을 하려면 먼저 당신의 잠재의식 속 이미지와 정서적으로 연결되어야 한다. 원하는 이미지를 그려라. 그리고 그것을 계속 생각하라. 그 이미지가 생생히 살아 있도록 필요한 에너지를 계속 쏟아부어라.

성과를 거둘지는 걱정하지 마라.
성과는 얻게 된다.
반드시 얻는다. 이것이 법칙이다.

수백만 가지 아이디어가 유산되거나 사산되고 만다. 무지한 사람들은 선의로 하는 말이라고 생각하며 부정적인 조언을 한다. 그들은 의심과 걱정, 어쩌면 시기심 때문에 당신의 아이디어를 깎아내리는 말을 한다. 그런 말들이 가장 탁월한 아이디어의 목숨을 앗아간다.

산모가 배 속의 태아를 돌보듯이 당신도 자신이 품고 있는 아이디어를 돌봐야 한다. 긍정적인 생각을 하는 사람들과 어울려라. 동기부여 오디오를 듣고 자기계발서를 읽어라. 긍정적인 확언을 날마다 반복하거나 노래하듯 흥얼거려라. 이는 당신의 감정적 자아에 긍정 에너지를 더해주는 훌륭한 방법이다.

내 제안대로 하면 아이디어가 당신 내면에서 자랄 것이다. 그러다가 어느 날 펑! 하고 폭발할 것이다. 당신은 자동으로 행동에 옮길 것이고, 아이디어는 물리적 형태를 갖출 것이다.

헨리 데이비드 소로Henry David Thoreau는 말했다.

자신이 꿈꾸는 방향으로 확신 있게 나아가고 자신이 상상한 삶을 살기 위해 노력하는 사람은 우연한

235

시간에 예상치 못한 성공을 만날 것이다.

소로의 말이 맞다. 자신이 원하는 아이디어를 정신적으로 추구하며 살다보면 어느 날 그 아이디어가 현실로 이루어질 것이다. 행동은 정신에 새겨진 이미지의 표현이다.

원대한 아이디어를 정신적으로 추구하다보면 행동이 자연스럽게 나타난다. 당신은 이 행동을 멈출 수 없을 것이다. 당신에게서 나온 행동은 반응을 일으킨다. 이 반응의 근원은 우주다. 당신의 행동과 우주의 반응이 만나면 당신의 상황과 환경, 조건이 달라진다. 그러면 결과, 즉 당신의 창조물이 탄생한다.

당신의 금광을 찾아라

◇◇◇◇◇

멋진 이야기 하나를 들려주겠다. 캐나다 온타리오주 북부에서 대단히 훌륭한 사람들이 경험한 실화다. 집과 가족을 떠나 몇 년 몇 달 동안 날마다 금을 찾아다니는 몹시 가난한 탐사자가 있었다. 집에 식량이 거의 바닥날 때도 있었다. 아내와 아들이 앞으로 어떻게 지내냐며 걱정을 쏟아놓으면 이 남자는 걱정할 필요 없다고 안심시켰다. 자신이 금광을 발견하면 가족이 모두 안락한 생활을 하게 될 거라고 말했다. 그는 위대한 신념의 사나이이자 행동의 사나이였다. 그는 자신이 금광을 발견하는 모습을 상상하며 계속 금광을 찾으러 다녔다.

때는 크리스마스가 지나고 새해 첫날이 오기 전 주였다. 그 시기에 온타리오주 북부에는 폭설이 자주 내리며 매서운 추위가 닥친다. 대부분 기독교인이기 때문에 크리스마스 시즌에 일하는 사람은 거의 없다. 다들 집에서 가족과 함께 한가하게 시간을 보낸다.

직접 확인해본 적은 없지만 춥고 눈 덮인 그 주에도 아기들이 태어났다는 말을 들었다. 이 말을 듣고 나는 크게 안도했다. 배 속에 있는 아기들은 바깥세상에서 무슨 행사가 벌어지는지 날씨가 어떤지 전혀 신경 쓰지 않았다. 시간은 흘렀고 아기들은 세상에 나올 때가 되었다. 그리고 산모들은 출산했다.

이 남자의 아이디어 역시 행동으로 나타날 시간

이 되었다. 크리스마스와 새해 첫날 사이에 그 지역
에서 금광을 찾으러 나선 사람은 아무도 없었다. 금
광을 찾으러 간 사람이나 가겠다고 말하는 사람은 아
마 제정신이 아니라고 여겨졌을 것이다. 그렇지만 이
가난한 탐사자는 동료에게 전화해 이렇게 말했다.
"시간이 됐소. 갑시다." 그리고 금광을 찾아 떠났다.

마을을 벗어나자 눈이 너무 깊이 쌓여 큰 도로에
서 겨우 몇 미터밖에 나가지 못했다. 그때 영하의 날
씨와 폭설로 도로에서 얼마 떨어지지 않은 곳에 서
있던 가난한 탐사자가 외쳤다. "바로 여기요."

크리스마스 시즌에, 그리고 영하의 날씨에 금광
을 탐사한다는 건 제정신을 지닌 탐사자들이 보기에
는 터무니없는 행동이었다. 하지만 가난한 탐사자는
다른 사람들이 가진 그런 사고와 행동의 한계를 뛰어
넘어 금광을 발견했다. 크리스마스와 새해 첫날 사이
에 눈에 파묻혀 오도 가도 못 하는 그 지점에서 가난
한 탐사자와 그의 동료는 역대 가장 풍부한 매장량
을 자랑하는 금광 가운데 하나인 헴로 금광Hemlo Gold
Mine을 발견해 엄청난 부자가 되었다.

이 이야기는 어느 날 저녁 식사 자리에서 폴 라

치Paul Larch에게 들은 이야기다. 헴로 금광을 발견해 부자가 된 이 가난한 탐사자는 폴 라치의 아버지인 존 라치John Larch다. 그들은 훌륭하고 품위 있고 좋은 사람들이다. 당신도 그들을 만난다면 그들이 금광을 발견한 일이 잘된 일이라고 생각할 것이다.

폴은 내게 자신은 아버지가 금광을 발견할 줄 알고 있었다고 말했다. 아버지가 금광을 발견하겠다고 계속 자신에게 이야기했기 때문이라고 했다. 폴이 꼬마였을 때부터 아버지에게 늘 듣던 말이 그 이야기였다. "아버지는 당신이 금광을 발견할 거라고 믿었어요"라고 폴은 말했다.

가난한 탐사자가 오랫동안 고수한 믿음은 그의 아이디어와 이미지에 계속 연료를 제공했다. 그렇게 오랜 시간 그는 자신의 잠재의식에 엄청난 에너지를 불어넣었다. 그래서 자신에게 필요한 진동을 일으켰고 금광이라는 목표물을 끌어당길 수 있었다. 존 라치의 마음속 이미지는 너무나 폭발적이어서 행동으로 나타나야만 했다. 크리스마스, 매서운 추위, 폭설 어느 것도 문제가 되지 않았다. 그는 아이디어를 행동으로 옮겨야 했다. 행동은 자연스럽게 나타났다.

그에게 행동은 정신에 새겨진 이미지의 표현이었다.

수년간 식지 않는 열정을 유지하게 해주는 원대한 아이디어가 당신에게도 있는가? 존 라치에게는 있었다. 존 라치에게 금광만큼이나 큰 유익을 안겨준 건 그가 아들에게 심어준 신념과 할 수 있다는 태도였다. 존 라치는 노다지를 캐기 전부터 큰 부자였다. 그는 금으로 살 수 없는 것을 가지고 있었고, 그것을 아들에게 물려주었다.

올바른 생각을 하라. 생각이 잘못된 방향으로 갔다면 바로잡아라. 잘못된 생각을 바로잡지 않으면 자녀들이 그 생각을 고스란히 물려받는다는 것을 잊지 마라.

당신의 삶에서는 뭔가 멋진 일이 일어나지 않을 것 같은가? 그렇다면 그런 생각이 당신의 인생에서 가장 큰 걸림돌이 될 것이다. 멋진 일은 다른 사람의 인생에서만 일어날 뿐 자신에게는 생기지 않는다고 믿는 사람들이 매우 많은 듯하다. 만일 당신이 그런 함정에 빠져 있다면 창조의 과정을 분석해보기를 권한다. 우리 모두가 위대함이라는 도구를 가지고 있다는 진실을 알게 될 것이다.

240

나는 30년 넘게 성공한 사람들의 삶을 연구해왔다. 이 사람들은 다양한 배경을 가졌지만 한 가지 변함없는 공통 요소가 있다. 그들은 창조의 과정을 따랐고 이 과정이 그들의 삶에 결과를 안겨주었다. 결과를 얻기 전에 먼저 그들은 행동했는데, 자연스럽게 나타난 이 행동은 일정 기간 동안 그들의 정신과 감정에 깊이 새겨져 있던 생각과 아이디어의 표현이었다. 성공한 사람은 자신이 생각한 대로 되었다. 생각은 언제나 행동을 일으킨다.

요점은 명확하다. 가만히 생각해보면 당신이 하는 모든 움직임이 행동이다. 행동은 이미 하고 있는 일이다. 인생을 성공의 길로 이끄는 비결은 지금 하고 있는 행동을 통제하고, 금광을 찾게 해주는 폭발적인 행동을 만들어내는 것이다. 이것이 바로 위대한 성취자 모두가 하는 일이다.

조지아주 애틀랜타의 데니스 킴브로Dennis Kimbro 박사는 내가 본 중 가장 유능한 연사다. 그는 나폴레

성공한 사람은
자신이 생각한 대로 되었다.
생각은 언제나 행동을 일으킨다.

온 힐과 《생각하라 그리고 부자가 되어라》를 공동으로 저술했다. 킴브로는 위대한 사상가다. 나는 샘 칼레누이크와 킴브로 같은 사람들의 이야기를 자주 읽었지만 내가 그들처럼 될 수 있다는 생각은 할 수 없었다. 그러다 어느 날 위대한 일을 한 사람들도 나와 다르지 않은 존재라는 생각이 들었다. 그래서 그들을 알아야겠다고 생각했다. 이 생각은 발전해나갔다. 생각에 계속 먹이를 주었기 때문이다. 마침내 이 생각은 행동으로 표현되어야 했다. 내가 그들과 같다고 '생각한' 덕분에 오늘날 나는 그들과 같은 사람이 되었다. 그리고 지금 나는 세상의 위대한 사상가들을 많이 알고 있다. 그래서 그들과 비슷한 사람이 되었다.

당신 역시 당신이 읽는 책에 등장하는 위대한 사람들과 비슷하다. 행동하라. 밖으로 나가서 그들을 만나라. 그들을 더 잘 알게 될수록 당신이 그들과 비슷함을 더 잘 알게 되고 당신 자신에 대해 더 좋은 감정을 갖게 될 것이다. 자신에 대해 좋은 감정을 느낄수록 확신이 커진다. 확신이 커질수록 원대하고 폭발적인 아이디어를 행동으로 옮기기 수월해지며 아이디어에 수반된 문제도 쉽게 풀 수 있다.

　　말레이시아항공의 엔지니어링 책임자 다토 레샴 싱Dato' Resham Singh은 확신에 대해 이렇게 말했다. 그의 말을 기억하고 되풀이해서 떠올리길 바란다. 모두가 귀담아듣고 깨달아야 하는 말이다.

자신에 대해 확신에 차 있는 사람은 자신이 문제를 해결할 수 있다는 것을 안다. 이런 사람은 상황이 잘 풀리지 않을 때도 문제를 넓고 객관적인 시각으로 바라보며, 자신이 어떤 능력을 지닌 존재인지를 다시 떠올린다.

　　따라서 원대한 아이디어를 폭발적인 행동으로 옮길 때 무슨 일이 일어날지 걱정하지 마라. 무슨 일이 일어나든 그 일은 아이디어가 물리적인 형태로 변하기 위해 '반드시' 일어나야 하는 일이다.

　　이제 바쁘게 움직이자. 장담하는데 당신의 아이디어는 당신에게 요구하고 있다. 때가 되었다고, 당장 행동하라고.

1. 엄청난 행동을 하는 사람, 탁월한 활약을 하는 사람, 위대한 일을 해내는 사람이라는 평판을 얻겠다고 결정하라.

2. 행동할 때는 폭발적으로 해야 한다. 그래야 다른 사람이 쉽게 간여하지 못한다. 그러니 엄청난 행동을 하는 사람이 돼라.

3. 행동은 하려고 집중해서는 안 된다. 또 억지로 하려고 하면 안 된다. 행동은 저절로, 자동으로 나타나야 한다.

4. 정신적으로 준비가 되어 있을 때 행동은 자동으로 나온다. 그리고 아이디어가 행동으로 나올 준비가 되었을 때는 거부하면 안 된다. 창조 과정에서 행동의 단계는 정신에 새겨진 이미지를 표현하는 단계다.

5. 얼 나이팅게일은 이렇게 말했다. "아이디어는 미끄러운 물고기와 같다. 펜으로 종이에 잡아두지 않으면 아이디어는 도망가서 영영 돌아오지 않을 것이다."

6. 행동은 정신에 새겨진 이미지의 표현이다. 행동은 시간이 지시할 때가 아니라 아이디어가 준비되어 있을 때 나타난다.

7. 당신은 위대한 일을 할 능력이 있다. 우리 인간은 쓸데없는 잡담을 하거나 무의미한 활동을 하면서 하루를 보내도록 만들어지지 않았다. 성장하고, 탁월한 인식을 키우고, 상상할 수

있는 모든 즐거운 일을 누리는 것, 이것이 우리의 본분이다.

8. 당신의 내면에서 무한한 공급원을 찾기 시작하라. 그리고 당신의 일을 바라보라. 지금 하고 있는 일의 성과를 어떻게 높일 수 있을까? 어떻게 하면 성과를 10배, 50배, 아니 그 이상으로 만들 수 있을까? 성과를 거둘지는 걱정하지 마라. 성과는 얻게 된다. 반드시 얻는다. 이것이 법칙이다.

9. 긍정적인 행동을 하려면 먼저 당신의 잠재의식 속 이미지와 정서적으로 연결되어야 한다. 원하는 이미지를 그려라. 그리고 그것을 계속 생각하라. 그 이미지가 생생히 살아 있도록 필요한 에너지를 계속 쏟아부어라.

10. 산모가 배 속의 태아를 돌보듯이 당신도 자신이 품고 있는 아이디어를 돌봐야 한다.

11. 아이디어가 당신 내면에서 자랄 것이다. 그러다가 어느 날 펑! 하고 폭발할 것이다. 당신은 자동으로 행동에 옮길 것이고, 아이디어는 물리적 형태를 갖출 것이다.

12. 원대한 아이디어를 정신적으로 추구하다보면 행동이 자연스럽게 나타난다. 당신은 이 행동을 멈출 수 없을 것이다. 당신에게서 나온 행동은 반응을 일으킨다. 이 반응의 근원은 우주

다. 당신의 행동과 우주의 반응이 만나면 당신의 상황과 환경, 조건이 달라진다. 그러면 결과, 즉 당신의 창조물이 탄생한다.

13. 올바른 생각을 하라. 생각이 잘못된 방향으로 갔다면 바로잡아라. 잘못된 생각을 바로잡지 않으면 자녀들이 그 생각을 고스란히 물려받는다는 것을 잊지 마라.

14. 인생을 성공의 길로 이끄는 비결은 지금 하고 있는 행동을 통제하고, 금광을 찾게 해주는 폭발적인 행동을 만들어내는 것이다. 이것이 바로 위대한 성취자 모두가 하는 일이다.

15. 원대한 아이디어를 폭발적인 행동으로 옮길 때 무슨 일이 일어날지 걱정하지 마라. 무슨 일이 일어나든 그 일은 아이디어가 물리적인 형태로 변하기 위해 '반드시' 일어나야 하는 일이다.

16. 당신의 아이디어는 당신에게 요구하고 있다. 때가 되었다고, 당장 행동하라고.

CHAPTER 08

돈

돈은 당신이 끌어당기는 것이다

97퍼센트가 돈 버는 법을 모른다

◇◇◇◇

불쌍한 윌리 서턴Willie Sutton은 자신에게로 돈을 끌어당기지 못했다. 오히려 돈을 쫓아버렸다. 은행 강도 윌리 서턴은 왜 은행을 털었냐는 질문에 "거기에 돈이 있으니까"라고 대답했다. 불쌍한 윌리. 그는 2가지를 잘못 계산했다. 첫째, 은행은 돈이 있는 곳이 아니며 둘째, 도둑질은 돈을 얻는 현명한 방법이 아니다. 연구에 따르면 은행 강도는 은행을 털어서 평균 3000달러를 손에 넣는다. 그리고 붙잡히면 10년간 옥살이를 하며 정부가 시키는 노동을 해야 하는 대가를 치른다.

돈은 우리의 의식 속에 존재한다. 그리고 틀림없이 벌게 되어 있다.

이번 장에서 다루는 돈이라는 대원칙은 민감한 주제다. 돈은 사람들 대부분이 말하기를 꺼리는 주제다. 돈에 관해 이야기하면 신랄한 비난을 받을 수 있기 때문이다. 하지만 당신과 나는 용감한 영혼들이다. 그러니 오해받고 있는 돈의 세계로 함께 탐험을 떠나보자.

프랜시스 베이컨Francis Bacon은 우리에게 귀중한 조언을 남겼다.

돈은 훌륭한 종이지만 나쁜 주인이기도 하다.

그러므로 우리는 돈에 대한 소원을 키울 때 돈에 대한 균형감을 유지해주는 지혜도 길러야 한다. 그러지 않으면 부가 축적되면서 우리의 인간성이 왜곡되고 인생까지 망가질 수 있다.

돈이 전 세계에서 교환 수단으로 인정되고 이용되는데도 세계 어느 학교에서도 돈 벌기를 가르치지 않는 것이 나는 좀 이상하고 슬프다고 자주 생각해왔다. 이 생각을 내비치면 흔히 이런 반응이 돌아온다. "어째서 학교에서 돈 벌기를 교과 과정에 넣어 가르쳐야 합니까? 누구나 이미 돈 버는 법을 알고 있습니다."

틀린 말이다. 안타깝게도 97퍼센트의 사람이 돈 버는 방법을 배워보지도 못한 채 살다가 죽는다. 그들의 무지는 다음 세대까지 이어진다. 반대로 부를 끌어당기는 방법을 알고 있는 3퍼센트에서 4퍼센트의 사람들은 번영 의식을 다음 세대로 물려준다. 이제는 97퍼센트의 사람이 깨어날 시간이다.

당신이 97퍼센트에 속한다면 돈을 얼마나 벌고 싶든 원하는 대로 버는 방법을 배울 수 있다는 진실을 이해해야 한다. 돈 버는 법 배우기는 자동차 운전하는 법 배우기보다 어렵지 않다. 그런데 우주선 조종법을 배워 달까지 간 사람들이 부를 축적하는 법은 배우지 못하는 경우가 있다. 이를 이상하게 생각하는 사람이 있는데 전혀 이상하지 않다. 어떤 일이든 한 가지에 유능하다고 모든 일에 유능하다는 뜻은 아니다.

이번 장은 모든 사람에게 도움을 주려고 쓴 것이 아니다. 돈을 벌고 싶지만 방법을 아직 배우지 못한 97퍼센트의 사람을 위해 쓴 것이다. 이자율이나 투자, 주식, 채권에 관한 이야기는 전혀 없다. 이번 장에서 다루는 돈의 대원칙은 무엇에서 부가 나오는지를, 다시 말해 부의 근원을 알려준다.

부자는 의무고, 가난은 죄악이다

◇◇◇◇◇

오래전 조지 버나드 쇼는 돈에 관해 이런 말을 했다. 그가 한 이 2가지 말은 수많은 논쟁을 불러일으켰다.

부자가 되는 것은 모든 사람의 의무다.
가난은 죄악이다.

이 말을 듣고 당신은 어떤 생각이 드는가? 당신이 즉각 나타낸 반응은 무엇인가?

나는 너무 오래전에 이 말을 들어서 내가 어떤 반응을 나타냈는지 기억이 안 난다. 터무니없는 말이라고 생각했는지 아니면 무슨 뜻으로 한 말인지 궁금해하며 객관적으로 분석했는지 잘 모르겠다. 아마

이 말에 동의하지는 않았을 것이다. 대부분의 사람들처럼 내 반응도 부정적이었을 가능성이 크다. 하지만 당시 내 반응이 어땠든 중요하지 않다고 생각한다. 이미 20년, 30년이 지난 일이니까. 하지만 당신은 버나드 쇼의 이 강력한 두 문장을 인정해야 한다. 돈 버는 일에 관심 있는 사람이라면 그의 말을 이해해야 한다.

버나드 쇼의 말이 엉터리라며 거부하기 전에 그가 어떤 사람인지 알아봐야 한다. 그의 삶을 더 잘 알게 되면 어느 정도 통찰이 생길 수 있다.

1856년 아일랜드에서 태어난 조지 버나드 쇼는 20살에 영국으로 이주해 평생을 살았다. 그는 극작가이자 음악 평론가이며 수필가였다. 버나드 쇼는 자신의 분야에서 큰 성공을 거두었다. 실제로 20세기 가장 영향력 있는 문학인으로 1925년 노벨 문학상을 수상했다. 이처럼 탁월한 사람이 부와 가난에 대해 이런 말을 한 건 가난한 사람에게 관심이 없거나 그들을 조롱하는 처사라고 결론 내리기 쉽다.

그러나 조금만 조사해보면 버나드 쇼가 약자 편이었음을 알게 된다. 그는 가난한 사람들의 삶을 개선하려고 끊임없이 노력했다. 사회에 여성 인권에 대한 인식이 없었던 때부터 여성의 권리 신장을 위해 힘썼다. 그는 자신의 연극을 통해 정치와 경제에 변화를 일으키려고 시도했다. 하지만 연극의 주제가 급진적이라고 여겨져 작품이 공연되기까지 여러 해가 걸렸다.

작가를 알아보았으니 이제 그의 두 문장을 다시 검토하고 이해해보자. 하나는 "가난은 죄악이다"고 또 하나는 "부자가 되는 것은 모든 사람의 의무다"다. 버나드 쇼의 말을 제대로 이해하려면 첫째, 열린 마음을 가져야 한다. 둘째, 객관적인 시각을 유지해야 한다. 셋째, 우주의 자연법칙을 어느 정도 이해해야 한다. 이 자연법칙은 종종 '신법divine laws'이라고 불린다.

이 자연법칙 중 하나는 창조 아니면 붕괴 법칙이다. 모든 사물은 움직이고 있다. 가만히 있는 것은 아무것도 없다. 당신은 인생에서 앞으로 나아가거나 뒤로 물러난다. 사물은 성장하거나 죽는다. 당신은 더 부유해지거나 아니면 더 가난해진다.

또 다른 법칙은 다양하게 불린다. 카르마의 법

256

칙, 심고 거두기 법칙, 인과 법칙, 작용과 반작용 법칙이라고 불리는 법칙이다. 뭐라고 부르는지는 중요하지 않지만 이 법칙이 어떻게 작용하는지 이해하는 건 대단히 중요하다. 살면서 드러내는 생각과 감정, 행동은 당신이 뿌리는 씨앗이다. 그리고 삶의 상황과 환경, 조건은 당신이 뿌린 씨앗에서 거두는 수확물이다.

잠시 '죄악'과 '돈'이라는 단어를 곰곰이 생각해보며 더 깊이 이해해보자. 죄악은 법을 위반한 것이다. 법을 위반하는 건 죄고 죄의 대가는 죽음이다. 여기서 죽음이란 심장이 멈춘다는 뜻이 아니라 퇴행한다는 뜻이다. 창조 아니면 붕괴 법칙이 기억나는가? 당신은 성장하거나 아니면 죽는다. 주지 않고 얻으려 한다면 씨를 뿌리지 않고 거두려는 것이나 마찬가지다. 그런 일은 없다. 친구여, 이것이 바로 죄악이다. 그러면 인생에서 퇴행할 것이다.

이제 돈을 생각해보자. 돈은 무엇인가? 돈은 당신이 제공하는 봉사(서비스)에 대한 보상이다. 가치 있는 봉사를 많이 제공할수록 더 큰 보상을 얻는다. 봉사를 제공하지 않고 돈을 얻으려는 시도는 법을 위반하는 것이다.

버나드 쇼는 당신과 내가 서로 섬기기 위해 이 행성에 태어났다고 믿었다. 어떻게 하면 다른 사람에게 더 가치 있는 봉사를 할 수 있는지 다양한 방법을 생각하면 지적으로, 그리고 영적으로 성장하게 된다. 인류에게 봉사하는 것은 우리의 의무며, 돈은 이 봉사에 대한 보상이다. 어떤 사람이 정당하지 못한 방법으로 돈을 번다면 두말할 필요 없이 올바른 길에서 벗어난 것이다. 그런 사람은 대가를 치러야 한다. 뿌린 대로 거두는 법이다. 우리는 그들이 번 돈과 그 돈으로 산 물건들은 볼 수 있지만 그들이 치르는 대가는 잘 보지 못한다. 하지만 그들은 대가를 치르게 된다. 이것이 법칙이다.

사고력을 가진 사람이라면 누구나 버나드 쇼의 말이 법칙에 비추어 볼 때 옳다는 데 동의할 것이다. 그런데 문제는 사람들 대부분이 생각이란 걸 하지 않기 때문에 생긴다. 사고력을 발휘하지 않으면 버나드 쇼의 말은 냉혹하고 심지어 엉터리처럼 보인다. 개인적으로 나는 버나드 쇼가 사람들의 생각을 자극하려고 자기 방식대로 이 말을 했다고 생각한다.

사도 마태Matthew는 버나드 쇼보다 1900년 앞서 본질상 똑같은 말을 했다.

무릇 있는 자는 받아 풍족하게 되고 없는 자는 그 있는 것까지 빼앗기리라.

_〈마태복음〉 25장 29절

얼핏 보면 대단히 불공정해 보이는 말이다. 마태는 부자는 더 부유해지고 가난한 자는 더 가난해진다고 말하고 있다.

이 말이 불공정하다고 생각하는 사람은 풍요로움은 남에게 받는 것이라고 생각하는 사람이다. 그들에게는 마태의 말이 몹시 불공정해 보일 것이다. 하지만 풍요로움을 본인이 끌어당기는 것으로 보면 전체 그림이 달라지고 마태의 말은 매우 공정한 말이 된다. 부유한 사람은 번영과 풍요를 생각하기에 번영과 풍요를 더 많이 끌어당긴다. 반면에 가난한 사람은 결핍과 한계를 생각한다. 당연히 법칙에 따라 그들은 결핍과 한계를 끌어당긴다.

한마디로 버나드 쇼와 마태는 풍요를 얻는 데서

우리 자신의 책임을 강조한다. 풍요로움은 우리가 스스로 자신에게 끌어당기는 것이다. 우리는 풍요를 우리 삶에 끌어당긴다. 삶의 모든 면에서 풍요는 그렇게 생긴다. 자신이 원하는 사업 동료나 친구 등 모든 것은 법칙대로 우리 삶으로 들어온다. 끌어당기기만 하면 부족함은 전혀 없다. 사람들은 좋은 것을 끌어당기거나 아니면 몰아낸다. 자신이 얻는 결과를 최종적으로 결정하는 것은 자신의 의식이다.

한번은 나의 멘토인 릴런드 밸 밴 드 월과 전화 통화를 한 적이 있다. 그는 내 마음에 깊은 인상을 남긴 말을 해주었다.

영은 영혼의 지시를 기다리고 있다.

여기서 잠시 다른 이야기를 해볼까 한다. 받는 것에 대한 훌륭한 교훈이 담긴 이야기라 잠깐 하고 넘어가겠다.

나는 릴런드 밸을 위해 대형 프로젝트를 진행하고 있었다. 릴런드 밸과 한 대화는 주로 그 프로젝트에 관한 내용이었다. 대화를 나누면서 듣게 된 그의

풍요로움은
우리가 스스로 자신에게
끌어당기는 것이다.

말은 진리였다. 나는 그의 말을 통해 이후 인생에서 많은 유익을 얻었다. 릴런드 밸은 진리의 말을 전하고 뜻을 설명해주었다. 그 결과 나는 새로운 깨달음을 얻었다. 새롭게 얻은 이해 덕분에 이후로 나는 당신과 전 세계 수만 명의 사람들에게 더 가치 있는 봉사를 할 수 있었다.

지금 내가 한 이야기를 생각해보자. 누가 주었고 누가 받았을까? 릴런드 밸과 나 모두 주고받았음을 금방 알 수 있을 것이다. 나는 그를 위해 대형 프로젝트를 진행했고 그는 내게 진리를 전하며 깨달음을 주었다. 우리는 동시에 주고받았다.

릴런드 밸과 대화를 나눌 때마다 나는 교훈을 얻는다. 오래전에 나는 이 진실을 깨달았다. 그는 현명한 사람이다. 당신도 현명한 사람과 대화를 나누게 된다면 대화가 끝난 후 내가 했던 것처럼 하라. 조용한 곳으로 가서 그 사람이 한 말에 대해 스스로 질문하라. 그러면 10번 중 9번은 대화에 숨겨져 있던 교훈이 당신 의식에 떠오를 것이다.

"영은 영혼의 지시를 기다리고 있다." 이 말은 강력한 말이다. 이 말에는 당신이 원하는 모든 것을 얻을 수 있는 비밀이 들어 있다. 당신에게 영혼이 '있는' 것이 아니라 '당신이 영혼'이라고 생각할 때 이 말을 이해하게 될 것이다. 주변 어느 곳에든 존재하는 영은 영혼의 지시를 기다리고 있다. 이 말을 곰곰이 생각해보면 교훈을 얻기 시작할 것이다.

앞서 내가 말한 것처럼 돈은 우리 의식 속에 존재한다. 그리고 틀림없이 벌게 되어 있다. 돈을 인생으로 끌어당기기를 간절히 원한다면 이 말을 이해해야 한다.

돈은 아이디어다

◇◇◇◇◇

나는 나폴레온 힐의 《생각하라 그리고 부자가 되어라》가 부의 축적을 다루는 가장 완벽한 책 중 하나라고 생각한다. 나는 30년이 넘도록 이 책을 가지고 다니며 거의 날마다 조금씩 읽는다. 책 서문에서 알려주는 대로 이 책은 엄청난 부를 쌓은 500명이 넘는 사람들의 경험을 전한다.

이 책에 등장하는 성공한 사람들은 아무것도 없이 빈손으로 시작했다. 그들에게 있는 거라곤 생각과 아이디어, 잘 짜인 구상뿐이었다. 그들은 그것만 가지고 시작해 부를 일구었다. 이 책은 그들의 경험을 통해 돈 벌기에 관한 완벽한 철학을 알려준다.

《생각하라 그리고 부자가 되어라》는 15개 장으로 구성되어 있다. 그런데 '돈'이라는 제목의 장은 없다. 돈이라는 단어가 들어간 제목도 없다.

돈을 다루는 또 다른 훌륭한 책이 있다. 도널드 월터스J. Donald Walters의《돈을 끌어오는 사람 돈을 밀어내는 사람Money Magnetism》이다. 이 책은 14개 장으로 구성되어 있는데 마찬가지로 '돈'이라는 장 제목은 없다. 9장 제목에 돈이라는 단어가 들어가 있지만 이런 식으로 되어 있다. "돈 벌기가 어떻게 영적 성장을 촉진할 수 있을까."

돈 벌기에 관한 또 하나의 훌륭한 책인 로버트 러셀Robert Russell의《이제 나는 부자다You Too Can Be Prosperous》는 8개 장으로 이루어져 있다. 이 책의 장 제목에도 돈이라는 단어는 보이지 않는다.

여러 해 전 나는《밥 프록터의 위대한 발견》이

라는 책을 썼다. 샘 칼레누이크는 뉴욕의 밴텀북스 Bantam Books 출판사에 이 책 3만 5000부에서 4만 부를 주문했다. 내가 나폴레온 힐의 책을 활용한 것처럼 샘은 내 책을 활용하고 있다. 그는 자기 회사 직원 수만 명에게 《밥 프록터의 위대한 발견》을 읽고 공부하라고 끊임없이 독려한다. 이 책에는 10개 장이 있는데 《돈을 끌어오는 사람 돈을 밀어내는 사람》처럼 장 제목에 돈이라는 단어는 한 번만 들어가 있다. 1장 제목이 '나와 돈'이다.

이런 책들의 목적이 독자가 부를 쌓도록 돕는 것인데 어째서 돈을 내세우지 않을까? 농부가 아들에게 씨앗 심는 법을 가르치는 동안에는 수확하는 법을 설명하는 데 시간을 쓰지 않는 것과 같은 이치다. 씨뿌리는 계절이 있고 수확하는 계절이 있다. 이 둘을 동시에 할 수는 없다.

가만히 내 말에 주의를 기울여보라. 당신이 접어서 지갑이나 주머니에 넣은 종이는 돈이 아니다. 잉크로 숫자를 인쇄해 넣은 종이일 뿐이다. 그 종이는 돈을 표현하지만 돈은 아니다.

돈은 아이디어다. 돈을 번다는 것은 지폐 뭉치와

는 아무 관련이 없다. 돈 벌기는 어떤 의식을 추구하느냐와 관련 있다. 그렇기에 독자들이 수백만 달러를 버는 데 도움이 되었다는 위대한 책들에 돈에 관한 내용이 없는 것이다.

샘 칼레누이크는 아마 내가 아는 사람 중 돈 버는 법에 대해 가장 많이 아는 사람일 것이다. 그런데 그가 자기 직원들에게 많은 돈을 버는 법에 관해 설명하는 것을 들어보면 돈 이야기는 없다. 오히려 사람들을 사랑하고 돕고 그들에게 봉사하라고 이야기한다. 그는 긍정적인 진동을 일으키고, 승자들과 어울리고, 다른 사람의 잘못을 눈감아주고, 사람들이 원하는 것을 얻도록 도우라는 메시지를 전한다.

이러한 모든 말이 모호하게 들릴지 모른다. 뭔가 핵심이 없다고 느껴질 수 있다. 하지만 위대한 작가는 모두 이렇게 쓴다. 당신이 연구해보면 이런 내용이 진짜 핵심임을 알게 될 것이다. 물론 시장을 지배하고, 주식 투자의 수익률을 높이고, 사람을 잘 다루는 법을 가르쳐주는 책도 있다. 그런 책들이 돈을 벌게 도와줄 수도 있다. 하지만 영적인 힘을 가르치지는 않는다. 영적인 힘이 없다면 행복은 지속하지 않

266

으며 진정한 부 역시 얻을 수 없다.

돈은 당신이 누리는 풍요로움의 일부여야 한다. 돈을 원한다면 삶의 모든 영역에서 풍요로움을 추구하라. 심고 거두는 법칙을 연구하고 이해하고 적용하라. 그러면 삶의 모든 영역에서 풍성한 수확을 거둘 것이다.

신체 건강을 지배하는 법칙이 있다. 이 법칙을 위반하면 건강을 잃는다. 흡연과 음주, 과식을 일삼으면 건강을 유지할 수 없음을 당신은 잘 알고 있다. 이런 종류의 행동이 건강을 가져다주지 않는다는 건 누구나 알고 있다.

마찬가지로 돈 버는 일을 지배하는 법칙이 있다. 《밥 프록터의 위대한 발견》이라는 책을 아직 못 봤다면 한 권 구입하기를 권한다. 이 책을 읽고 나서 1장 '나와 돈'을 다시 읽어보라.

돈이라는 개념을 아주 편안하게 느껴야 한다. 이상하게 들릴 수 있지만 대부분의 사람들이 돈을 편안하게 생각하지 않기 때문에 돈이 없다. 돈과 관련한 사람들의 대화를 주의 깊게 들어보라. 대부분은 자신이 돈을 원하는 것에 대해 변명하거나 정당화하느라 바쁘다. 돈 버는 이야기가 진지해지면 평범한 사람은 얼굴색이 변하고 행동이 달라진다.

부유한 사람들은 그렇지 않다. 그들은 돈이 교환 수단임을 안다. 그래서 돈을 그렇게 취급한다. 그들은 돈을 함부로 대하지는 않지만 매우 편안하게 느낀다. 그리고 아주 쉽게 돈 이야기를 한다. 그들은 돈을 적절한 위치에 둔다. 그들은 돈의 주인이며 돈은 그들의 종이다.

빈곤 의식 대 번영 의식

◇◇◇◇◇

부유한 사람도 살면서 종종 금전적 문제를 겪는다. 하지만 그들에게는 문제의 원인에 초점을 맞추는 지혜가 있다. 그들은 정신을 올바르게 잡고 앞으로 나아간다. 당신은 부유한 사람이 돈 문제 때문에 힘들다는 소리를 하는 걸 들어본 적이 없을 것이다. 그들은 왜 그런 이야기를 하지 않을까?

그들에겐 금전적 문제가 없기 때문에 그런 말을

하지 않는다고 누구나 쉽게 생각할 수 있다. 하지만 인생에서 벌어지는 일은 다 비슷하다. 진실은 겉만 보고는 알 수 없다. 사실 부유한 사람은 가난한 사람보다 더 많은 금전적 문제를 겪는다. 돈이 있으니 돈 문제가 생긴다. 가난한 사람에게 어떻게 돈 문제가 생길 수 있겠는가? 돈 자체가 없는데. 돈은 가난한 사람의 문제가 아니다. 그들의 문제는 돈의 '부족'이다.

문제를 해결하려면 문제의 원인을 공격해야 한다. 가난의 원인은 '빈곤 의식'이다. 빈곤 의식은 결핍과 한계를 보고, 듣고, 냄새 맡고, 생각하고, 느끼게 만든다. 빈곤 의식을 지닌 사람들의 대화를 들어보라. 그들이 말하는 내용은 온통 결핍과 한계, 시련뿐이다. 그런 것들이 그들의 정신에 가득하기 때문이다. 그리고 결핍과 한계가 그들 정신에 가득한 건 그들이 빈곤 의식을 지녔기 때문이다. 그들의 생각과 감정, 행동은 그들이 뿌리는 씨앗이다. 뿌리는 대로 거두게 될 것이다. 그들의 수확물은 결핍과 가난이다. 그 수확이 삶의 결과가 된다. 그리고 그 결과는 신체 건강, 은행 예금, 사회생활을 통해 드러난다.

이런 가난한 영혼들은 자신의 물리적 문제를 물

리적 눈으로 바라본다. 이는 그들이 벗어나지 못하는 가난의 울타리가 된다. 그런 삶의 결과들이 그들을 지배한다. 그들은 계속 같은 씨를 뿌리고 매년 같은 수확물만 계속 거둔다. 그들은 곧 그런 삶을 운명으로 받아들인다. 그들은 이렇게 생각한다. '뭐하러 더 많은 걸 바라야 해? 우리 가족 중 더 많이 가진 사람은 아무도 없잖아. 우린 원래 가난해. 이건 우리 잘못이 아니야. 정부 잘못이지. 정부는 우리에게 더 많은 지원금을 줘야 해. 정부는 부자들한테서 돈을 거두어 우리에게 줘야 해. 부자들은 가진 돈을 다 쓰지도 못할 거야. 이건 공정하지 않아.'

반면에 부유한 사람들은 '번영 의식'을 지녔다. 그들은 무한한 공급원을 잘 알고 있다. 그들은 수확에 문제가 생기거나 자신의 모든 필요를 충족시킬 정도로 충분하게 수확하지 못하면 문제의 원인이 자신임을 정확히 인식한다. 아마 그들이 밭을 제대로 갈지 않았거나 충분한 씨를 여기저기에 많이 뿌리지 않았을 수 있다. 그들은 결핍과 한계를 끔찍하게 싫어한다. 그들은 좋은 것을 풍족하게 요구한다. 이것은 그들의 타고난 권리다.

270

그들에게 어떤 것이 부족하면 그들은 그 상황에 대해 전적으로 책임을 진다. 그들 사전에 남 탓은 없다. 그들은 뭔가 부족하다는 말은 하지 않는다. 그들의 번영 의식이 허락하지 않기 때문이다. 결핍을 말하면 결핍이라는 씨앗을 더 많이 뿌리는 것임을 그들은 안다. 그들은 즉시 번영 의식을 지닌 다른 사람들과 함께 브레인스토밍을 시작한다. 미래에 수확하고 싶은 다른 작물들을 찾아보고 어디에서 파종을 시작해야 하는지 의견을 나눈다.

몇 년 전 사망한 영화감독 마이크 토드Mike Todd는 이렇게 말했다.

빈털터리가 되는 건 일시적인 상황이다. 하지만 가난하게 사는 건 마음가짐의 문제다.

맞는 말이다. 일부 부유한 사람들은 잇단 실수와 판단 착오로 가진 돈을 모두 잃는다. 하지만 그렇다고 해서 가난해지지는 않는다. 그들은 짧은 시간 안에 잃은 것을 모두 만회한다. 번영 의식 때문이다.

가난한 사람이 복권에 당첨된 사례를 찾아 조사

271

해보라. 그들은 당첨금을 금방 모조리 써버리고 한 푼도 남겨두지 않는다. 돈은 빈곤 의식을 지닌 사람과는 함께 지내지 못한다. 이와 똑같은 법칙에 따라 돈은 번영 의식을 지닌 사람을 떠날 수 없다.

당신이 어떤 의식을 지녔는지 궁금한가? 알아내기는 어렵지 않다. 솔직한 자세로 당신이 얻은 결과를 검토해보라. 당신 삶의 패턴을 조사해보라.

지금부터는 번영 의식을 더욱 발전시켜 풍성한 수확을 얻는 데 초점을 맞춰보자. 강력하고 긍정적인 확언을 생각하라. 이것이 시작이다. 그리고 이 확언에 감정이라는 연료를 공급하라. 그렇게 할 때 잠재의식의 저장고에 창조적 에너지가 쌓인다. 이 과정을 날마다 반복하면 당신의 정신은 당신이 가고자 하는 방향으로 움직이기 시작한다. 확언을 적고, 소리 내서 읽고, 느끼고, 정신에 새겨라.

돈은
번영 의식을 지닌 사람을
떠날 수 없다.

경제적 독립을 위한 공식

◇◇◇◇◇

이제 좀 진지해져보기로 하자. 당신은 얼마를 벌고 싶은가? "영은 영혼의 지시를 기다리고 있다"라는 릴런드 밸 밴 드 월의 말을 기억하라. 영은 구체적인 지시를 요구한다. "더 많이 벌고 싶어"라는 말로는 충분하지 않다. "5달러가 더 필요해"라는 식이어야 한다. 얼마를 더 원하는가? 정확한 수치를 정하라.

수치를 정하는 데 도움이 필요하면《밥 프록터의 위대한 발견》2장 '얼마면 충분한가?'에서 권하는 지침을 참고하라. 그 장에서는 당신이 필요한 돈의 수치를 계산하는 방법을 설명해준다. 이때 반드시 구체적인 수치를 정해야 한다. 당신이 일을 하든 하지 않든, 원하는 것을 얻고 선택한 방식대로 살아가는 데 필요한 돈은 있어야 한다. 당신은 자신이 벌 수 있는 수준 이상의 돈을 진지하게 바라지는 않겠지만 돈은 벌어야 한다.

FG+E=I라는 공식을 활용해보자. 바로 경제적 독립을 위해 사용할 수 있는 공식이다.

FG는 재정적 목표financial goals를 뜻한다. E는 비용expenses이고 I는 소득income이다. 따라서 재정적 목표를 정하고 거기에 비용을 더하면 당신이 벌어야 하는 수치가 나온다. 이 공식에 따라 답을 얻으려면 아마 시간이 걸릴 것이다. 5분 안에 답을 구했다면 맞는 답이 아닐 것이다.

이 공식이 당신 삶에 미치는 긍정적인 영향을 진지하게 고려해보라. 그러면 이 공식으로 답을 구하는 데 얼마나 많은 시간이 걸리든 시간을 들일 만한 가치가 있음을 깨달을 것이다. 재정적 목표를 세웠는가? 그렇다면 1년 이내에 얼마를 벌어야 하는가? 5년 이내에는? 10년 이내에는?

돈을 버는 방법에는 딱 2가지가 있다. 한 가지는 사람이 일해서 버는 방법이고, 또 한 가지는 돈이 돈을 버는 방법이다. 경제적 독립을 꿈꾼다면 이 둘을 모두 활용해야 한다. 당신의 진심을 이럴 것이다. '내가 원하는 라이프스타일로 살 수 있는 소득을 올려주는 충분한 돈을 가지고 굴리고 싶어.'

벌어야 하는 돈을 계산하고 나면 어쩌면 당신은 지금 다니는 직장을 그만두어야 한다고 생각하게 될지 모른다. 그 직장에서는 당신이 원하는 만큼 돈을 벌 수 없다고 생각하기 때문이다. 그 생각이 맞을 수 있지만 꼭 그런 건 아니다.

당신의 일과 관련해 가장 중요한 점은 그 일을 사랑하느냐다. 버는 돈의 양이 가장 중요한 게 아니다. 인생에서 가장 큰 만족감을 느끼는 사람들은 일과 놀이의 구별이 없는 사람들이다. 친구여, 이것이 풍요로운 삶의 핵심이다.

지금 직장 생활로 버는 소득은 얼마 안 될 수 있다. 하지만 총수입은 상당한 규모로 늘릴 수 있다. 수입원을 2가지 이상 가지고 있으면 가능하다. 수입원이 하나라면 더 늘려야 한다. 부유한 사람은 다양한 수입원을 가지고 있다. 당신은 100가지 수입원을 만들 수 있다. 원한다면 500가지도 만들 수 있다. 사람들을 고용해 수입원을 관리하게 할 수도 있다.

다양한 수입원이 다양한 직업을 뜻하는 건 아니다. 그렇게 생각한다면 다양한 수입원을 만들다가 수명대로 살지 못할 것이다. 다양한 수입원은 말 그대로 다양한 수입원을 의미한다. 더 많이, 더 오래 일해야 돈을 더 많이 벌 수 있다는 생각은 허구다. 이는 돈

없이 몹시 힘겨운 삶을 살아가는 사람들이 믿고 영속시키는 생각이다. 당신이나 어쩌면 당신이 사랑하는 사람이 이렇게 생각할 수 있다.

대부분의 진짜 부자는 그렇게 힘들게 일하지 않는다는 것을 알아야 한다. 그들은 자신이 하는 일을 좋아한다. 그리고 많은 수입원에서 나오는 소득이 있다. 다양한 수입원을 만들기는 어렵지 않다. 누구나 할 수 있다. 혼자서 자녀를 키우는 어머니도 많은 수입원을 만들 수 있다. 하지만 이 책은 수입원을 다루는 책이 아니므로 다양한 수입원 이야기는 여기까지 하겠다.

벌고 싶은 돈의 액수를 정했다면 금액을 종이에 크게 적어라. 숫자를 보면서 반복해서 말하라. "이 금액은 결과야. 이 돈은 내가 받고 싶은 보상이야. 이 보상을 받으려면 어떤 봉사를 해야 할까?"

당신이 벌어야 할 총금액은 다양한 액수로 나눌 수 있다. 각 액수는 별도의 수입원에 나오는 돈이다. 각 수입원을 통해 얻는 수입은 당신이 제공하는 봉사(서비스)에 대해 받는 개별 보상이다. 한 번에 하나씩 하라. 이런 각각의 봉사가 당신의 삶을 역동적이고 설레는 삶으로 만들어줄 수 있다.

생각해보자. 당신은 지금 무엇을 하고 있는가? 분명히 당신은 어떻게 하면 다양한 방식으로 사람들에게 봉사할 수 있을까 하는 생각을 하고 있을 것이다. 돈은 당신이 제공하는 봉사에 대해 받는 보상이라는 점을 기억하라. 이 기본 법칙을 이해한다면 돈을 얼마 벌지 결정한 다음에는 돈 생각을 안 하게 될 것이다. 이때부터는 당신의 지적, 감정적, 신체적 초점이 모두 봉사하는 일에 맞춰져야 한다.

당신이 지금 하는 일이 무엇이든 어떻게 하면 그 일을 더 효과적으로 할 수 있을지 생각하라. 당신이 사람들에게 제공하는 봉사의 양과 질을 개선하는 법을 고민하라. 당신이 돕고 있는 사람들을 더 나은 방법으로 도울 길을 찾아보라.

궁극적으로 돈은 종이라는 진실을 잊지 마라. 돈이 있으면 1000곳에서 동시에 봉사할 수 있다. 돈을 많이 벌면 벌수록 사람들을 더 많이 도울 수 있다.

돈은
당신이 제공하는 봉사에 대해
받는 보상이다.

가난한 사람은 빈곤 의식을 지녔고 부유한 사람은 번영 의식을 지녔다. 빈곤 의식은 돈의 부족을 생각하고 경험하게 만드는 반면 번영 의식은 엄청난 부를 안겨준다.

번영 의식을 기르려면 이 장에서 배운 지침을 잘 따라야 한다. 벌고 싶은 돈의 규모를 정확하게 정하고 금액을 세분하라. 그런 다음에는 돈 생각은 지우고 모든 정신력을 봉사에 집중하라. 그러면 돈은 반드시 따라온다.

랠프 월도 에머슨Ralph Waldo Emerson은 말했다.

심고 거두는 법칙은 법칙 중의 법칙이다.

이 말은 탁월한 진리다. 다른 사람들이 무엇을 원하는지 알아내고 그들이 그것을 얻도록 도와라. 돈에 대해 진정으로 편안함을 느낄 때까지 긍정적 확언을 반복하라.

당신이 번영 의식을 기른다면 반드시 풍요로움을 끌어당기게 될 것이다. 풍요로움은 당신의 타고난 권리다.

1. 돈은 우리의 의식 속에 존재한다. 그리고 틀림없이 벌게 되어 있다.

2. 프랜시스 베이컨은 조언했다. "돈은 훌륭한 종이지만 나쁜 주인이기도 하다."

3. 안타깝게도 97퍼센트의 사람이 돈 버는 방법을 배워보지도 못한 채 살다가 죽는다.

4. 돈을 얼마나 벌고 싶든 원하는 대로 버는 방법을 배울 수 있다는 진실을 이해해야 한다. 돈 버는 법 배우기는 자동차 운전하는 법 배우기보다 어렵지 않다.

5. 돈의 대원칙은 무엇에서 부가 나오는지를, 다시 말해 부의 근원을 알려준다.

6. 조지 버나드 쇼는 돈에 관해 이런 말을 했다. "부자가 되는 것은 모든 사람의 의무다." "가난은 죄악이다."

7. 자연법칙 중 하나는 창조 아니면 붕괴 법칙이다. 모든 사물은 움직이고 있다. 당신은 더 부유해지거나 아니면 더 가난해진다.

8. 또 다른 법칙은 카르마의 법칙, 심고 거두기 법칙, 인과 법칙,

작용과 반작용 법칙이라고 불린다. 살면서 드러내는 생각과 감정, 행동은 당신이 뿌리는 씨앗이다. 그리고 삶의 상황과 환경, 조건은 당신이 뿌린 씨앗에서 거두는 수확물이다.

9. 돈은 당신이 제공하는 봉사(서비스)에 대한 보상이다. 가치 있는 봉사를 많이 제공할수록 더 큰 보상을 얻는다. 봉사를 제공하지 않고 돈을 얻으려는 시도는 법을 위반하는 것이다.

10. 인류에게 봉사하는 것은 우리의 의무며, 돈은 이 봉사에 대한 보상이다.

11. 부유한 사람은 번영과 풍요를 끌어당긴다. 반면에 가난한 사람은 결핍과 한계를 끌어당긴다.

12. 끌어당기기만 하면 부족함은 전혀 없다. 사람들은 좋은 것을 끌어당기거나 아니면 몰아낸다. 자신이 얻는 결과를 최종적으로 결정하는 것은 자신의 의식이다.

13. 돈은 아이디어다. 돈을 번다는 것은 지폐 뭉치와는 아무 관련이 없다. 돈 벌기는 어떤 의식을 추구하느냐와 관련 있다. 그렇기에 독자들이 수백만 달러를 버는 데 도움이 되었다는 위대한 책들에 돈에 관한 내용이 없는 것이다.

14. 돈은 당신이 누리는 풍요로움의 일부여야 한다. 돈을 원한다

면 삶의 모든 영역에서 풍요로움을 추구하라.

15. 부유한 사람들은 돈을 함부로 대하지는 않지만 매우 편안하게 느낀다. 그리고 아주 쉽게 돈 이야기를 한다. 그들은 돈의 주인이며 돈은 그들의 종이다.

16. 돈은 가난한 사람의 문제가 아니다. 그들의 문제는 돈의 '부족'이다.

17. 가난의 원인은 '빈곤 의식'이다. 빈곤 의식은 결핍과 한계를 보고, 듣고, 냄새 맡고, 생각하고, 느끼게 만든다.

18. 부유한 사람들은 '번영 의식'을 지녔다. 그들은 결핍과 한계를 끔찍하게 싫어한다. 그들은 좋은 것을 풍족하게 요구한다. 이것은 그들의 타고난 권리다.

19. 마이크 토드는 이렇게 말했다. "빈털터리가 되는 건 일시적인 상황이다. 하지만 가난하게 사는 건 마음가짐의 문제다."

20. 영은 구체적인 지시를 요구한다. "더 많이 벌고 싶어"라는 말로는 충분하지 않다. "5달러가 더 필요해"라는 식이어야 한다. 얼마를 더 원하는가? 정확한 수치를 정하라.

21. 당신의 일과 관련해 가장 중요한 점은 그 일을 사랑하느냐다.

버는 돈의 양이 가장 중요한 게 아니다. 인생에서 가장 큰 만족감을 느끼는 사람들은 일과 놀이의 구별이 없는 사람들이다. 이것이 풍요로운 삶의 핵심이다.

22. 돈은 당신이 제공하는 봉사에 대해 받는 보상이라는 점을 기억하라. 이 기본 법칙을 이해한다면 돈을 얼마 벌지 결정한 다음에는 돈 생각을 안 하게 될 것이다. 이때부터는 당신의 지적, 감정적, 신체적 초점이 모두 봉사하는 일에 맞춰져야 한다.

23. 번영 의식을 기른다면 반드시 풍요로움을 끌어당기게 될 것이다. 풍요로움은 당신의 타고난 권리다.

CHAPTER 09

목표

원대하고 멋진 목표를 세워라

성공을 보장하는 한 가지 방법

⬦⬦⬦⬦⬦

'만약 ……라면' 게임을 해보자. 만약 당신이 세계 최
대 도시 10곳에 가서 가장 부유하고 행복하고 건강한
사람들을 모두 불러 모은다면 어떨까? 만약 당신이
그들에게 어떤 질문이든 한 가지 질문을 할 기회를
얻는다면?

　만약 당신이 어떻게 해야 그들이 누리는 모든 성
공을 당신 역시 누릴 수 있는지 한 가지만 말해달라고
하면 어떨까? 그들이 모두 똑같은 답변을 해준다면
어떨까? 당신은 그들이 말해준 방법대로 하겠는가?
한 치의 망설임 없이 당연히 그럴 것이다.

이렇게 상황을 가정하는 '만약 ……라면' 게임
은 현실이 아니다. 하지만 나는 성공한 사람들이 당
신에게 무엇을 하라고 말할지 안다. 이것은 현실이
다. 그들이 말해줄 성공을 보장하는 한 가지 방법은
당신이 듣게 될 가장 설레고 시기적절하고 자유를 주
는 메시지다. 이 대원칙은 당신을 정상에 우뚝 서게
해줄 것이다. 당신이 할 수 있는 일에는 한계가 없기
때문이다.

이 주제와 관련해 나는 정말로 열변을 토할 수
있다. 최고의 자리에 오른 사람들에게서 정보를 수집
했으니 자랑해도 되지 않을까. 나는 지난 몇십 년 동
안 전 세계에서 성공하고 행복하고 건강한 사람들의
삶을 연구하는 데 매달렸다. 그리고 그렇게 알게 된
내용을 빠짐없이 모두 테스트했다. 개인 경험을 통해
나는 성공한 사람들을 조사하고 알게 된 점이 우리에
게 매우 유용하다는 것을 알고 있다.

당신이 성공하고 번영하는 사람들을 모아 질문할
수 있다면 그들은 다들 이런 답변을 해줄 것이다.

현재 상황이 당신의 생각과 결정에 영향을 미치게

해서는 안 된다. 현재 처한 상황이 어떻든 당신은 즉각 앞으로 나아가 목표를 세워야 한다. 짜릿함과 두려움을 동시에 안겨주는 원대하고 신나는 일을 달성하겠다는 목표를 세워야 한다. 목표는 당신의 정신을 온통 사로잡을 정도로 멋져야 하고 당신의 영적인 가치와 조화를 이루어야 한다.

인생과 기꺼이 바꿀 수 있는 목표goal를 세워라. 깨어 있는 모든 시간에 당신의 생각을 지배하는 목표, 당신이 전념하는 목표여야 한다. 당신이 알프레드 아들러의 "나는 나를 이용한 아이디어에 감사한다"라는 말에 공감하게 될 대단히 멋진 목표여야 한다.

내가 지금 한 이야기는 성공한 사람들이 모두 동의하는 말이다. 성공한 사람들은 누구 하나 빠짐없이 내가 한 말이 성공의 기본 중 기본이라고 생각한다. 그들은 많은 면에서 각기 다른 생각을 가졌지만 목표와 관련해서는 만장일치로 동의한다.

당신의 정신을 온통 사로잡을 정도로
멋진 목표,
당신의 인생과 기꺼이 바꿀 수 있는
목표를 세워라.

사람들이 원대한 목표를
세우지 못하는 이유

◇◇◇◇◇

오늘날에는 목표와 관련해 역사상 어느 때보다 많은 정보를 활용할 수 있다. 하지만 내가 말하는 식으로 원대하고 멋진 목표를 세우고 성취를 이룬 사람은 100명 중 3, 4명에 불과하다. 왜 그럴까? 어째서 목표를 세우고 이루는 사람이 소수에 그칠까?

나는 답을 알고 있다. 당신과 내가 이런 목표를 세우지 못하게 방해하는 엄청난 힘이 존재하기 때문이다. 그 힘은 끊임없이 우리에게 영향력을 발휘하며 우리와 전쟁을 치르고 있다. 지금까지 전쟁에서 이 부정적이고 한계를 부과하는 힘이 인류의 97퍼센트를 무찔렀다. 그래서 97퍼센트는 긍정적인 것을 바라지만 부정적인 것을 생각하며 살아간다.

이런 사고방식 때문에 사람들은 자신의 약점을 주로 생각한다. 그리고 약점을 떨쳐내지 못하면 결국 스스로에 대해 포기하고 만다. 이 부정적인 힘은 당신 주변에만 있는 게 아니라 당신이라는 존재를 이루는 세포 하나하나에까지 스며들어 있다. 이 힘과 맞서 싸우는 힘을 키우도록 돕는 것이 이 장의 목적이다.

당신은 이 장에서 부정적인 힘과는 비교가 안 될 정도로 무한하고 강력한 힘을 키울 수 있다. 이 힘은 당신이 원하는 좋은 것을 모두 얻게 해주고, 새롭고 멋진 일들이 인생에서 끊임없이 일어나게 해준다.

내가 알려주는 지혜를 잘 배우면 당신은 백지 수표를 받는 거나 마찬가지다. 실은 백지 수표보다 훨씬 더 귀중한 메시지다. 수표를 현금으로 바꾸면 단지 주머니에 돈이 생긴다. 하지만 내가 제안하는 조언을 따르면 행복과 건강, 경제적 독립이 보장된다.

우리는 자신이 할 수 있다고 생각하는 것보다 훨씬 더 많은 일을 할 수 있다. 우리에게는 믿을 수 없을 만큼 놀랍고 무한한 자원이 있다. 아무리 평범한 사람이라도 자신이 지닌 무한한 자원을 활용해 노력한다면 엄청난 성취를 이루게 된다. 평범한 사람은 자신이 얼마나 놀라운 성공을 놓쳤는지 알면 아마 충격받을 것이다. 사람들은 대부분 자신의 잠재력이 얼마나 큰지 전혀 이해하지 못한다.

우리는
자신이 할 수 있다고 생각하는 것보다
훨씬 더 많은 일을 할 수 있다.

몇 해 전 로스앤젤레스 지역 신문은 프랜시스 에비타Frances Evita라는 여성의 놀라운 스토리를 소개했다. 몸무게가 45킬로그램에 불과한 이 연약한 여성은 410킬로그램에 가까운 자동차를 들어 올려 그 아래 깔려 있던 남동생의 생명을 구했다. 자동차를 들어 올리는 일은 90킬로그램의 건장한 미식축구 선수라도 하기 어려운 놀라운 일이다. 하지만 그녀는 자신의 마음이 시키는 대로 초인적인 힘을 발휘했다.

사람들이 원대한 목표를 쉽게 포기하는 건 자신의 에너지와 근육, 세포를 최대한 넓게 펼치려고 stretch 애써야 하기 때문이다. 이렇게 하는 건 대개 불편하다. 그래서 훌륭한 아이디어나 목표를 포기해버린다. 인생에서 승리하고 큰 성공을 거두려면 유연함을 배워 자신의 능력을 최대한 넓게 펼쳐야 한다.

모든 사람은 자신이 길들여진 방식의 안전지대가 있다. 이 안전지대를 벗어나 성장하고 변화하려는 의지를 지녀야 한다. 인생에서 성공하려면 불편한 일을 해야 할 수 있다. 아무리 불편해도 어떤 식으로든 해내야 한다.

이 이야기는 나중에 다시 다루기로 하고, 앞에서

내가 언급한 우리 삶을 앗아가는 부정적인 힘을 자세히 검토해보자. 앞서 말했듯이 이 힘이 인류와 치르는 전쟁에서 97퍼센트를 무찌르고 있기 때문이다. 이 부정적인 힘은 지독하게 기만적이다. 이 힘은 외부에서 우리를 공격하면서 우리 내면의 생명력을 꺼뜨린다.

길들여진 생각이
당신을 패자로 만든다

◇◇◇◇

외부에서 작용하는 이 힘의 이름은 '환경'이다. 내가 말하려는 건 오염된 숲이나 호수, 강, 하천 같은 자연 환경이 아니다. 여기서 환경이란 주변 사람들이다. 주변 사람 중 97퍼센트가 모든 수단을 동원해 당신이 목표를 추구하는 걸 방해한다. 그들은 무지하기 때문에 당신에게 아주 치명적인 적이 된다.

우리의 내면에서 생명력을 앗아가는 이 힘을 흔히 '길들여진 생각'이라고 한다. 성격은 우리 존재를 구성하는 모든 세포에 깃들어 있어서 우리의 행동을 지배한다. 이 성격의 한 부분을 담당하는 잠재의식은 당신이 파괴적인 습관에서 벗어나는 걸 막으려고 갖은 정신적 싸움을 벌인다.

길들여진 생각은 습관이다. 길들여진 생각에서 벗어나지 못하는 탓에 일부 사람은 깨어 있는 시간 내내 어떻게 하면 약물을 살 돈을 구할까 하는 궁리를 한다. 어떻게든 돈을 구하면 약물을 구입해 뇌를 망가뜨릴 줄 알면서도 자기 몸에 약물을 주입한다. 길들여진 생각은 확실히 강력한 힘을 지녔다. 약물은 극단적일 수 있지만 좋은 사례다.

수백만 명의 세일즈맨은 새로운 고객을 확보하는 방법을 잘 알고 있다. 그들은 어떻게 하면 프레젠테이션을 효과적으로 할 수 있는지 안다. 판매를 성공시키는 방법을 안다. 그리고 배운 대로만 하면 명성과 부가 자기 것이 된다는 것도 안다. 그들에게 원하는 게 무엇이냐고 물으면 명성과 부라고 답할 것이다.

그런데 기만적인 힘이 그들을 그냥 놔두지 않는다. 이 힘은 세일즈맨들을 어떻게 공격할까? 그들이 집에서 TV나 보게 만든다. 아니면 사무실에서 빈둥

거리게 하거나 카페에 가서 돈 없고 불행한 같은 처지의 동료 세일즈맨과 잡담을 나누며 신세 한탄을 하게 만든다.

이것이 길들여진 생각, 습관이다. 이 힘 때문에 사람들은 원하지 않는 일을 하며 살아간다. 그리고 자신이 피하고 싶은 결과를 얻는다. 그들은 패자다. 그들은 자신이 패자라는 것 또한 안다.

잘 들어보라. 당신은 패배자가 될 이유가 없다. 당신은 엄청난 승자가 될 수 있다. 정상에 도달해 최고의 자리를 거머쥘 수 있다. 틀림없이 당신은 그렇게 할 수 있다. 그리고 아름다운 진리 한 가지를 말하자면 어디서 출발하는지는 중요하지 않다.

한 가지 실화를 소개해보겠다. 내 친구 릭 핸슨 Rick Hansen은 《끝까지 해내기: 개인의 변화를 위한 7단계Going the Distance: Seven Steps to Personal Change》라는 책을 썼다. 릭은 15살 때인가 16살 때 교통사고를 당해 하반신이 마비되었다. 아마 그는 앉아서 불평이나 하며 다른 사람에게 의존해 남은 생을 살아가기 쉬웠을 것이다. 누가 보든 릭이 손에 쥔 패는 불리했다. 내가 언급한 부정적인 힘은 릭의 문을 그냥 두드리기만

당신은
패배자가 될 이유가 없다.

하지 않았다. 문을 아예 부수어버렸다. 그러나 릭의 허락 없이는 그의 삶을 앗아갈 수는 없었다.

이 점이 중요하다. 이를 간과해서는 안 된다. 당신의 환경은 온통 부정적인 것투성이일 수 있다. 당신은 최악의 사고방식으로 길들여져 있을 수 있다. 그렇지만 당신은 이길 수 있다. 내가 알려준 대로 목표를 세우면 부정적인 힘은 패해 달아날 것이다.

릭 핸슨은 그런 목표를 가지고 있었다. 그의 목표는 원대했다. 그는 휠체어를 타고 세계를 누비면서 척수 연구 자금으로 2300만 달러를 모았다. 잠시 주제에서 벗어나 릭 핸슨과 그가 이룬 놀라운 업적에 대해 말하고 싶지만 이번 장의 목적이 아니니 하지 않겠다. 그의 이야기를 더 알고 싶다면 그가 쓴 책을 읽어보기 바란다. 목표 달성 프로그램을 다룬 《끝까지 해내기》와 세계 일주를 다룬 《움직이는 남자Man in Motion》라는 책이 있다. 두 책에 나오는 그의 인생과 삶의 방식은 목표를 이루겠다는 포부를 지닌 사람에게 영감을 준다. 이런 책들은 당신이 전쟁에서 활용할 수 있는 무기다.

하지만 기억하라. 당신의 가장 강력한 무기는 목

표다. 당신의 목표는 원대하고 아름다워야 한다.

　다시 상기해보자. 짜릿함과 두려움을 동시에 주는 목표, 원대하고 신나는 일을 달성하겠다는 목표를 세워라. 정신을 온통 사로잡을 정도로 멋진 목표여야 하고 당신의 영적인 가치와 조화를 이루는 목표여야 한다. 깨어 있는 모든 시간에 당신의 생각을 지배하는 목표, 당신이 전념하는 목표여야 한다.

꿈을 계속 살아 있게 하라

◇◇◇◇◇

당신은 변화를 원해야만 한다. 소원이란 표현되기를 기다리는 아이디어의 표현되지 않은 가능성이다. 소원의 크기를 당신이 가질 수 있다고 생각하는 수준으로 제한하지 마라. 꿈꾸고 위험을 감수할 기회를 자신에게 주어야 한다.

　당신이 원하는 건 무엇인가? '소원'은 여기서 중요한 단어다. 원하는 것을 꿈꾸면 이룰 수 있다. 릭 핸슨처럼 당신에게는 마음껏 발휘할 힘이 있다.

이집트에 양 떼를 돌보는 양치기 소년이 있었다. 이 소년은 언덕 반대편 웅덩이의 물은 긴급한 경우에만 써야 한다는 말을 들었다. 그 웅덩이는 물의 양이 한정되어 있어서 다른 웅덩이에 물이 남아 있으면 사용해서는 안 된다고 했다. 극심한 가뭄으로 다급한 상황이 닥쳤다. 소년은 양 떼를 언덕 반대편 웅덩이로 몰고 갔고 양 떼는 하루 종일 그 웅덩이에서 물을 마셨다. 그런데 놀랍게도 물의 높이는 처음 그대로였다.

양치기 소년은 이 신기한 상황을 조사했다. 그리고 흥미로운 진실을 발견했다. 그 웅덩이는 지하에서 흐르는 물을 통해 물이 공급되었다. 웅덩이 물이 줄어들면 지하의 압력이 달라지면서 지하수가 웅덩이로 올라왔다. 다시 말해 그 웅덩이는 꾸준하게 물을 공급해주는 무한한 공급원을 가지고 있었다.

인간의 소원과 정신력 또한 이처럼 무한하다. 그런데 어째서 대다수 남성과 여성은 그토록 한계가 많은 삶을 살아갈까? 웅덩이 이야기에서 답을 찾을 수 있다.

대다수 남성과 여성은 자신의 잠재력을 제대로 확인하지 않는다. 그들은 지금 하는 일이 자기가 할 수 있는 최대치라고 잘못 생각한다. 그들은 내일도 오늘처럼 실패할 거라는 잘못된 믿음을 가지고 있다. 그래서 안타깝게도 스스로를 제한한다. 이처럼 한계를 받아들이면 자기 앞에 아무리 놀라운 기회들이 놓여 있어봤자 잡을 생각을 아예 하지 않는다. 부의 문을 열려면 소원이라는 잃어버린 요소를 찾아야 한다. 소원을 찾으면 풍요로운 인생은 당신 것이다.

스텔라 맨은 "당신이 머릿속으로 그것을 잡을 수 있다면 실제 손으로도 잡을 수 있다"라고 말했다. 당신이 소원을 계속 생각하면 그 소원이 현실이 된다는 강력한 진리의 말이다. 원하는 것이 너무 멀리 있다고 느껴질 때 거기에 눈을 고정하기 쉽지 않을 수 있다. 하지만 포기하지 마라.

길들여진 생각 때문에 자신의 능력을 의심하게 될 수 있지만 그럴 때 나폴레온 힐의 말을 기억하라.

나는 오로지 목표만 본다. 그러면 장애물은 반드시 사라진다.

원하는 것에 눈을 고정한다면 꿈을 현실로 만드

는 강력하고 긍정적인 힘을 발휘할 수 있다. 생각이 답이다. 생각을 원하는 것에 고정하면 우리는 꿈을 이룰 수 있다.

이 세상은 좋은 것을 바라기만 하는 사람들로 가득하다. 그들은 긍정적인 것을 바라지만 부정적인 생각을 한다. 끈기가 부족한 탓에 흔히 장애물을 돌파하기 직전에 목표를 포기해버린다. 그들의 꿈과 목표는 산산이 부서진 미완의 꿈으로 남는다. 믿을 수 없을 정도로 놀라운 성공을 거두었지만 순식간에 모든 걸 잃어버린 사람들의 이야기는 셀 수 없이 많다. 그들은 금광 안으로 한 걸음 더 내딛지 않았기 때문에, 또는 많은 사람이 그들의 아이디어나 제품에 관심을 나타내기 전에 너무 일찍 단념했기 때문에 모든 걸 잃었다.

꿈이 계속 살아 있게 하라. 어떻게 이렇게 할 수 있을까? 목표를 이룬 모습을 담은 마음속 영화를 만들어라. 큰 꿈을 꾸는 것은 작은 꿈을 꾸는 것만큼이나 쉽다. 신체적, 정신적, 금전적, 개인적 성장에 초점을 맞춘 목표를 세워라.

릭 핸슨은 부정적인 힘이 자신의 문을 두드리며

자신의 영화를 만들어라.
승리한 자신의 모습을 그려라.

용기를 꺾는 말을 할 때 만리장성에 있는 자신의 모습을 그리며 그 힘을 물리쳤다. 부정적인 힘이 다시 접근했을 때는 세계 정복을 마치고 돌아온 그를 환영하는 지지자들의 함성이 가득한 밴쿠버 경기장으로 들어서는 자신의 모습을 그리며 그 힘을 물리쳤다.

자신의 영화를 만들어라. 승리한 자신의 모습을 그려라. 그 순간을 느껴보라. 승리의 기쁨을 누려라. 이 기쁜 감정 속에서 낙담은 눈 녹듯 사라진다. 목표라는 대원칙의 목적은 정신에 새긴 목표가 얼마나 중요한지를 강조하는 데 있다. 생명이 있는 존재에게는 목표가 필수다. 창조 아니면 붕괴라는 법칙에 따라 목표를 세우고 앞으로 나아가지 않는 생명체는 사라지고 만다.

목표와 사랑에 빠져라

◇◇◇◇◇

많은 사람의 생각과 달리 뭔가를 갈구하는 마음은 훌륭한 정신 상태다. 갈구는 불만족을 낳고 불만족은 창조성을 낳는다. 뭔가를 갈구하면 우리는 내적 자원을 꺼내 쓰게 된다.

어린 시절을 회상해보라. 어린아이의 특성은 얼마나 경이로운가. 그때 갈구가 당신 삶에 어떤 영향을 미쳤는지 생각해보라. 갈구하던 것을 얻은 경험이 있는 당신은 점점 자라면서 특정한 것들을 갈구하고 기대했다. 이것을 나는 '학습자 목표learner goals'라고 부른다. 이런 목표는 더 큰 목표를 추구하도록 준비시켜주었다. 학습자 목표에는 운전면허 따기, 첫 데이트 하기, 특별한 이벤트가 있는 데이트 하기 등이 포함될 수 있다.

나이가 들어가면서 원하는 것과 얻으려고 준비하는 것, 기대하는 것이 달라진다. 특별한 행사나 생일, 휴가 등에 대한 목표가 생길 수 있다. 코미디언 조지 번스George Burns는 90대에 100번째 생일 파티를 계획했다. 1896년 1월 20일에 태어난 그는 1996년 3월 9일에 사망했다. 100번째 생일 파티를 하고 여러 주를 더 살았다.

자신이 달성할 수 없는 일은 진정으로 원할 수 없다고 나는 여러 번 말했다. 당신은 얼마나 큰 목표를 원하는가? 지금까지 우리가 나눈 이야기에 걸맞은 목표인가?

작은 목표를 성공적으로 이루면 더 큰 목표를 세우게 될 것이다. 목표를 크게 세우면 믿음이 강해질 수 있다. 큰 목표를 세우면 어떻게 시작해야 할지 모를 수 있는데 이런 여정을 시작하려면 상당한 크기의 믿음이 필요하기 때문이다. 목표를 이루기까지 얼마나 시간이 걸릴지 모르기 때문에 믿음으로 이 여정을 헤쳐나가야 한다. 그러면서 믿음은 더욱 강해진다.

릭 핸슨은 자신의 팀과 함께 밴쿠버를 떠나 세계 일주에 나설 때 어떻게 하면 로스앤젤레스를 지나 더 멀리까지 갈 수 있을지 모르겠다고 내게 말했다. 거기까지 가면 그들의 경비는 바닥날 것이었다. 그가 휠체어를 타고 있었다는 점을 기억하라. 릭의 팀은 목표를 어떻게 이룰지 알지 못했다. 그들은 그저 목표를 이루리라는 것만 알고 길을 나섰다.

미국의 위대한 철학자이자 심리학자 윌리엄 제임스는 귀중한 조언을 남겼다.

인생을 바꾸려면[이것이 우리의 목표다] **단 3가지만**

기억하라. 첫째, 즉각 변화하라. 둘째, 대담하게 변화하라. 셋째, 예외를 두지 마라.

훌륭한 조언 아닌가?

목표를 통해 우리는 자기 자신에 대해 알게 된다. 목표에 전념하고, 목표를 절대 포기하지 않고, 수많은 장애물에도 불구하고 목표를 향해 계속 전진한다면 자신의 진정한 모습을 보게 되고 자신의 진가를 알게 될 것이다. 자신 안에 있는 무한한 잠재력을 알아보고 감사하게 될 것이다.

당신의 목표를 사랑하라. 진정으로 사랑하라. 누군가와 사랑에 빠지면 그 사람과 정신적, 감정적, 신체적으로 조화를 이루며 하나가 된다. 목표를 이루는 길에서 당신은 목표와 사랑에 빠져야 한다. 목표를 이룰 아이디어를 사랑하라.

이혼의 고통을 겪은 사람은 일반적으로 한동안 비탄에 빠져 삶의 균형을 잃는다. 목표를 위해 노력하다가 목표와 이혼하는 사람들 또한 비슷한 감정을 느낄 수 있다. 목표를 저버리면 인생이 엉망이 된다. 목표를 사랑하라. 목표와 함께 지내라. 목표는 당신에게 힘을 준다.

목표는 창조성과 유연함을 강하게 키워준다. 목표를 어떻게 이룰지 정확하게 아는 사람은 없다. 따라서 유연함을 유지하는 것이 중요하다. 새로운 아이디어와 제안에 마음의 문을 열어라. 목표를 달성할 새로운 방법을 끊임없이 모색하라.

어떤 사람들은 목표의 목적이 특정한 뭔가를 얻는 데 있다고 믿는다. 물론 그것 또한 목표 설정과 성취 과정의 일부다. 하지만 실제로 특정한 뭔가를 얻는 것은 목표를 이루어가는 전체 과정에서 보면 아주 작은 부분이다. 더군다나 사람들은 대부분 목표를 낮게 설정한다. 그러니 상대적으로 덧없는 것을 얻는 데 너무 많은 시간과 에너지를 쏟는 것은 안타까운 일이다.

따라서 목표가 특정한 것을 얻는 데 도움이 되지만 그보다 훨씬 더 큰 가치를 제공한다는 것을 기억해야 한다.

목표는 영감을 주며 당신에게서 생명을 앗아가려는 부정적인 힘을 물리친다. 누구나 살면서 어려움을 겪는다. 목표가 있으면 그런 장애물과 난관에 부딪혀도 믿음을 유지할 수 있다. 목표는 힘겨운 상황을 이겨내는 데 필요한 희망과 영감을 준다. 목표에서 눈을 뗄 때 당신을 겁먹게 만드는 장애물이 눈앞에 나타난다.

목표는 성장할 기회를 제공한다. 적절한 목표를 세우는 사람은 자신의 에너지와 근육, 세포를 최대한 넓게 펼칠 수 있다. 습관을 바꾸어라. 그러면 기존의 길들여진 사고방식이 변할 것이다. 이러한 모든 변화가 배움의 과정이며 인생을 새로운 차원으로 인도할 것이다.

목표는 자신에 대해 더 좋은 감정을 느낄 기회를 준다. 열심히 노력해 목표를 달성하면 성취감이 든다. 그뿐 아니라 목표를 달성하는 과정에서 자신에 대한 좋은 느낌을 얻는다. 지식과 경험이 쌓이면서 확신과 자존감이 커진다. 커진 자존감과 자신감은 당신을 정상으로 데려다준다.

목표는 삶에 긍정적인 방향을 제시한다. 목표가

없다면 당신은 환경과 상황에 따라 이리저리 휩쓸려 다니며 표류하는 삶을 살 것이다. 인류의 97퍼센트가 그렇게 길을 잃고 방황한다. 목표가 있어야 방향이 생긴다. 그래야 사명을 수행하며 살아 있는 존재가 된다.

아직 목표를 세우지 않았다면 하던 일을 멈추고 세계적인 승자들의 조언을 따르라. 짜릿함과 두려움을 동시에 주는 원대하고 신나는 일을 달성하겠다는 목표를 세워라.

1. 짜릿함과 두려움을 동시에 안겨주는 원대하고 신나는 일을
    달성하겠다는 목표를 세워야 한다. 목표는 당신의 정신을
    온통 사로잡을 정도로 멋져야 하고 당신의 영적인 가치와 조
    화를 이루어야 한다.

2. 부정적이고 한계를 부과하는 힘이 인류의 97퍼센트를 무찔
    렀다. 그래서 97퍼센트는 긍정적인 것을 바라지만 부정적인
    것을 생각하며 살아간다.

3. 우리는 자신이 할 수 있다고 생각하는 것보다 훨씬 더 많은 일
    을 할 수 있다. 우리에게는 믿을 수 없을 만큼 놀랍고 무한한
    자원이 있다.

4. 사람들이 원대한 목표를 쉽게 포기하는 건 자신의 에너지와
    근육, 세포를 최대한 넓게 펼치려고 애써야 하기 때문이다.
    이렇게 하는 건 대개 불편하다.

5. 인생에서 성공하려면 불편한 일을 해야 할 수 있다. 아무리 불
    편해도 어떤 식으로든 해내야 한다.

6. 환경이란 주변 사람들이다. 주변 사람 중 97퍼센트가 모든
    수단을 동원해 당신이 목표를 추구하는 걸 방해한다.

7. 우리의 내면에서 생명력을 앗아가는 이 힘을 흔히 '길들여진

생각'이라고 한다. 이 힘 때문에 사람들은 원하지 않는 일을 하며 살아간다. 그리고 자신이 피하고 싶은 결과를 얻는다. 그들은 패자다. 그들은 자신이 패자라는 것 또한 안다.

8. 당신은 패배자가 될 이유가 없다. 당신은 엄청난 승자가 될 수 있다.

9. 소원의 크기를 당신이 가질 수 있다고 생각하는 수준으로 제한하지 마라. 꿈꾸고 위험을 감수할 기회를 자신에게 주어야 한다.

10. 원하는 것에 눈을 고정한다면 꿈을 현실로 만드는 강력하고 긍정적인 힘을 발휘할 수 있다. 생각이 답이다. 생각을 원하는 것에 고정하면 우리는 꿈을 이룰 수 있다.

11. 꿈이 계속 살아 있게 하라. 어떻게 이렇게 할 수 있을까? 목표를 이룬 모습을 담은 마음속 영화를 만들어라. 큰 꿈을 꾸는 것은 작은 꿈을 꾸는 것만큼이나 쉽다.

12. 자신의 영화를 만들어라. 승리한 자신의 모습을 그려라. 그 순간을 느껴보라. 승리의 기쁨을 누려라.

13. 휠체어를 타고 세계 일주에 나선 릭 핸슨의 팀은 목표를 어떻게 이룰지 알지 못했다. 그들은 그저 목표를 이루리라는 것만

알고 길을 나섰다.

14. 윌리엄 제임스는 말했다. "인생을 바꾸려면 단 3가지만 기억하라. 첫째, 즉각 변화하라. 둘째, 대담하게 변화하라. 셋째, 예외를 두지 마라."

15. 목표에 전념하고, 목표를 절대 포기하지 않고, 목표를 향해 계속 전진한다면 자신의 진정한 모습을 보게 되고 자신의 진가를 알게 될 것이다. 자신 안에 있는 무한한 잠재력을 알아보고 감사하게 될 것이다.

16. 목표를 저버리면 인생이 엉망이 된다. 목표를 사랑하라. 목표와 함께 지내라.

17. 목표는 영감을 주며 당신에게서 생명을 앗아가려는 부정적인 힘을 물리친다.

18. 목표는 성장할 기회를 제공한다.

19. 목표는 자신에 대해 더 좋은 감정을 느낄 기회를 준다.

20. 목표는 삶에 긍정적인 방향을 제시한다.

CHAPTER 10

태도

승자는 자신의 태도를 통제한다

승자와 패자를 가르는 요인, 태도

◇◇◇◇◇

철학자 빅터 프랭클Viktor Frankl은 이렇게 썼다.

> **인간에게서 모든 것을 빼앗아가도 단 한 가지는 빼**
> **앗지 못한다. 인간이 가진 최후의 자유, 어떤 상황**
> **에서든 자신의 태도와 삶의 방식을 선택할 자유는**
> **빼앗지 못한다.**

프랭클의 말이 맞았다. 현재 당신은 수천 가지
문제에 직면해 있을 수 있다. 그리고 문제 중 대부분
은 당신이 통제할 수 없는 것들이다. 하지만 당신이

완벽하게 통제할 수 있는 것이 하나 있다. 바로 당신의 '태도attitude'다.

태도는 다양한 언어에서 가장 강력한 단어로 묘사된다. 얼 나이팅게일은 태도는 마법의 단어라고 말했다. 실제로 그렇다. 부정적인 상황에 직면했을 때 자신의 태도를 통제하지 못하면 당신이 할 수 있는 건 단 한 가지, 상황에 휘둘리는 것뿐이다. 이런 일이 생기면 당신은 패배한다. 반면에 객관적인 태도로 목표를 고수하면 상황에 적절히 대처할 수 있다. 이것이 승자의 선택이다.

태도에 대한 통제권을 놓아버려 상황에 휘둘리느냐 아니면 그 통제권을 잡고 상황에 대처하느냐 이 2가지의 접근법이 낳는 최종 결과는 극과 극이다. 당신과 나는 이 세상에 잘못된 것들이 많다는 것을 알고 있다. 그런데 불행하게도 어떤 사람들은 그런 잘못된 것만 본다. 이런 사람들은 암울하고 제한된 삶을 산다. 그들은 불행하며 진정한 성취를 거의 누리지 못한다. 그들의 삶은 결핍과 한계의 삶이다. 그들의 삶에서는 한 가지 나쁜 일이 사라지면 다른 나쁜 일이 생기는 것 같다.

안타깝게도 그들의 태도가 문제의 원인이다. 대개 그들은 자신이 왜 그런 삶을 사는지 이유를 모른다. 그래서 더 안타깝다. 그들은 삶의 길목에서 매번 패배한다. 하지만 원인이 자신의 태도에 있다는 것을 알지 못한다.

반대로 언제나 승리하는 사람들이 있다. 그들은 자신의 분야에서 진정한 거물이다. 그리고 좋은 일이 계속 생기니 운이 좋은 사람이다. 그들은 어디를 가든 주변에 있는 좋은 것에 초점을 맞춘다. 그들의 삶은 흥미진진하고 역동적이다. 그들은 하나의 성취를 이룬 다음 또 다른 성취를 이룬다.

이 집단에 속한 사람들은 멋진 가정생활을 즐긴다. 그들은 다른 사람들과 튼튼하고 의미 깊은 관계를 발전시킨다. 그들은 자신의 삶을 통제한다. 그들은 자신이 어디로 가고 있는지 알고 있으며 목적지에 도달하리라는 것도 안다. 그들이야말로 인생의 진정한 승자다. 그들의 승리는 그들이 선택한 것이다.

태도가 승리에 필요한 전부다. 많은 사람은 태도라는 말이 너무 모호하고 다양한 해석이 가능해서 한마디로 정의할 수 없다고 말한다. 하지만 승자는 그 말에 동의하지 않는다. 그들은 태도를 정의하고 이해할 수 있음을 안다. 누구나 자신의 태도를 통제할 수 있다는 것도 안다.

로마의 위대한 철학자 세네카Seneca는 말했다.

가장 강한 사람은 스스로를 통제하는 사람이다,

이 진리를 반복해서 공부하면 당신 역시 스스로를 통제할 수 있다. 그러면 외부 힘의 노리개 노릇을 그만두게 될 것이다.

태도가 결과를 만든다

◇◇◇◇◇

당신 자신에 대해 생각해보라. 당신은 3가지 차원을 동시에 살고 있다. 영적인 존재, 지적인 존재, 물리적 몸을 가진 존재로 살아간다. 이 3가지 차원이 모두 당신의 태도로 표현된다. 태도는 생각과 감정, 행동의 복합체다.

320

태도는 생각의 선택에서 시작되는 창조적 순환이다. 이 순환은 이런 식으로 전개된다.

먼저 당신은 어떤 생각을 할지 선택한다. 이 선택이 태도가 시작되는 지점, 태도가 형성되는 첫 번째 단계다. 생각은 에너지다. 생각의 파동은 시간과 공간을 관통하는 우주 에너지의 파동이다. 많은 권위자는 생각을 현존하는 에너지 중 가장 강력한 형태의 에너지라고 간주한다.

생각을 내면화하고 생각에 감정이 결부되면 태도를 형성하는 두 번째 단계가 시작된다. 몸과 마음을 포함해 당신 존재 전체가 새로운 진동을 일으킨다. 이 진동을 인식하는 것을 '감정'이라고 한다.

이어서 감정은 행동이나 품행으로 표현된다. 이것이 태도 형성의 세 번째이자 마지막 단계다. 여기서 인생의 결과가 생긴다.

태도와 결과는 떼려야 뗄 수 없는 관계다. 밤이 지나면 낮이 오고 낮이 지나면 밤이 오듯이 태도는 결과를 만들고 결과는 다시 태도에 영향을 미친다. 현재 당신이 얻고 있는 결과를 면밀하게 검토해 정직하게 평가해보라. 당신의 태도와 결과의 관련성을 확

인하라. 행복과 성공을 바란다면 반드시 이렇게 해야
한다. 당신의 역량대로 진보를 이루려면 태도와 결과
가 인과관계라는 진실을 이해해야 한다.

인과 법칙은 위대한 불변의 법칙이며 행동이라
는 대원칙의 필수 요소다. 랠프 월도 에머슨은 인과
법칙이 법칙 중의 법칙이라고 말했다. 또 사람은 자
신이 생각하는 대로 된다고 말했다. 에머슨보다 1700
년 전에 살았던 로마 황제 마르쿠스 아우렐리우스
Marcus Aurelius도 똑같은 의미의 말을 했다.

인간의 삶은 그들의 생각이 만드는 것이다.

인생에서 당신이 얻는 결과는 당신의 생각과 감
정, 행동이 표현된 것이다.

어떤 일에 대해 태도를 형성하기 전에 고려해야
할 것이 있다. 인생의 모든 일에는 긍정적인 면과 부
정적인 면이 존재한다. 실제로 이 현상은 극성의 법
칙으로 알려진 우주의 영원한 절대 법칙이다.

당신과 나는 인생에서 벌어지는 모든 상황에서
긍정적인 면을 볼지 부정적인 면을 볼지 선택할 수

있다. 이때 기억해야 할 점은 한 번에 한 가지 면만 볼 수 있다는 것이다. 우리의 정신은 긍정적인 면과 부정적인 면을 동시에 볼 수 없다. 성공한 사람들은 어떤 상황에 부정적인 면이 있음을 알지만 정신의 초점은 반대쪽 긍정적인 면에 맞춘다. 좋은 것이 잘 안 보이면 보일 때까지 계속 찾는다.

누구나 인정하는 승자 노먼 빈센트 필Norman Vincent Peale은 이와 관련한 아름다운 진리를 전한다.

> 이것은 우주에서 가장 위대한 법칙 중 하나다. 이 법칙을 아주 젊은 시절에 발견했으면 얼마나 좋았을까. 하지만 깨달음은 훨씬 나중에야 내게 찾아왔다. 나는 가장 위대한 법칙 중 하나를 발견했다. 이 법칙은 나와 신의 관계 밖에 있는 법칙으로 나와 내 생각의 관계를 알려주는 법칙이다. 이 위대한 법칙은 한마디로 부정적인 것을 생각하면 부정적인 결과를 얻고 긍정적인 것을 생각하면 긍정적인 결과를 얻는다는 것이다. 이것이 번영과 성공이라는 놀라운 법칙의 기본 진실이다. 세 마디로 '믿어라, 그리고 성공하라'다.

성공한 사람은 어떤 상황에서든
긍정적인 면에 초점을 맞춘다.

무척 간단해 보인다. 그렇지 않은가? 글쎄, 간단하긴 간단하다. 하지만 태도를 통제하고 통제권을 계속 유지하는 일이 쉽지 않음을 나는 오랜 경험을 통해 알게 되었다. 당신이 이미 자신의 태도를 통제하고 있다면 당신은 탁월한 사람이고 진정한 승자다. 당신은 인생에서 얻을 수 있는 모든 보상을 누리는 5퍼센트에 불과한 아주 특별한 집단에 속해 있다. 또한 당신은 내가 하는 말이 정확하다는 것을 알고 있다.

나쁜 점, 좋은 점 목록 만들기 훈련

◇◇◇◇◇

혹시 당신은 태도를 통제하고 싶은데 번번이 실패하는 사람인가? 그렇다면 앞으로 30일 동안 날마다 간단한 실험을 해보기 바란다. 이 실험은 당신을 성공의 길로 인도할 것이다. 그리고 한 달 동안 하루하루 실험을 성공적으로 완수해 받는 보상은 놀랍고 기쁠 것이다. 나는 이 실험을 직장에서 해보라고 제안하고 싶다. 즐거움 대부분은 여가가 아니라 노동에서 비롯되기 때문이다.

좋다. 이제 시작해보자. 당신이 하는 일을 머릿속으로 검토해보라. 당신의 지위에서 고려할 수 있는 모든 측면을 생각하라. 종이와 펜을 들고 당신의 일에서 좋은 점을 모두 적어보라. 그런 다음 당신이 근무하는 회사의 좋은 점을 똑같이 적어보라.

이 실험을 하면 한동안 바빠야 한다. 누군가에게 같이 하자고 제안할 수도 있다. 당신과 생각이 비슷하고 지위를 향상시켜 승자가 되기를 바라는 동료를 실험을 같이할 사람으로 선택하라. 좋은 점 목록을 가지고 다니면서 한 달 동안 날마다 하루에 2번씩 읽어라.

이 훈련을 해보라고 제안하면 자기 일에서 좋은 점을 아무것도 생각할 수 없다고 말하는 사람이 많다. 그러면 나는 웃으며 괜찮다고 말한 후 이렇게 묻는다. "당신의 일이나 회사에 무슨 문제가 있습니까? 잘못됐다고 생각되는 점을 종이에 모두 적어보세요. 나쁜 점 목록을 최대한 만들어보세요."

이렇게 하면 최소한 시작은 하는 셈이다. 중요한 것은 뭔가를 하는 것이다. 행동이 핵심이다. 어떤 사람에게는 행동을 시작하는 유일한 출발점이 나쁜 점을 생각하는 것일 수 있다. 하지만 앞서 말했듯이 괜찮다. 나쁜 점 목록이 완성되면 나는 모든 일에는 반대 특성이 있다는 것을 알려준다. 좋은 것 없이 나쁜 것이 있을 수 없다. 아래쪽 없이 위쪽이 있을 수 없고 추위 없이 더위가 있을 수 없는 이치와 마찬가지다. 좋은 점과 나쁜 점은 동전의 양면이다. 좋은 점을 생각하고 찾기만 하면 나쁜 점 목록에서도 좋은 점을 찾을 수 있다.

어떤 사람이 자기 일에서 좋은 점을 아무리 찾으려 해도 찾을 수 없어서 좋은 점 목록이 아니라 나쁜 점 목록으로 시작한다고 하자. 그래도 괜찮다. 좋은 출발점이다.

목록의 첫 번째 항목에 이런 말이 적혀 있을 수 있다. "사장의 태도는 끔찍하다. 그는 아주 불행한 사람이고 상대하기 매우 어려운 사람이다." 이야기를 계속 진행하기에 앞서 인정해야 할 점이 있다. 누구든 사장을 이런 식으로 설명할 수 있다는 것이다. 우리 주변에는 이처럼 나쁜 태도를 가진 사장이 많다. 그래서 그들을 리더라고 부르지 않고 사장이라고 부르는 것이다.

어쨌든 이런 묘사가 자신의 사장을 적절하게 설명해준다면 이 사람은 무엇을 해야 할까? 먼저 태도는 생각으로 시작된다는 것을 기억해야 한다. 그리고 선택권은 자신에게 있다는 것 또한 기억해야 한다. 우리는 의식적으로 승자의 선택을 해 상황에 대처해야 한다. 그러지 않으면 사장의 태도에 무의식적으로 반응하고 이내 실패하고 만다. 혹시 사장의 태도에 따라 당신의 생각과 행동이 좌우되는가? 그렇다면 다른 사람의 태도가 당신의 태도를 비뚤어지게 만들도록 허용하는 것이다.

이 보석 같은 진리가 마음 틈으로 빠져나가지 않게 하라. 모든 상황에서 당신은 '반응react'하거나 '대처respond'한다. 반응하면 지고, 대처하면 이긴다.

부정적인 악순환의 다음 단계는 자신을 비참하게 만든 사장을 비난하는 것이다. 비난은 바보 게임이다. 비난해서 얻을 수 있는 건 아무것도 없다. 비난 게임으로는 어떤 것도 달라지거나 개선되지 않는다.

반응하면 지고,
대처하면 이긴다.

앞서 내가 한 말을 기억하라. 다른 사람의 태도가 당신의 태도를 비뚤어지게 만들도록 허용하는 사람은 '당신'이다. 당신이 허락한 것이고 당신이 한 선택이다. 이는 결코 좋은 선택이 아니다. 패배로 이어지기 때문이다.

보통 이런 상황에서 계속 패배하는 사람은 의식적인 선택을 하지 않는다. 그들은 무의식적으로 선택한다. 무의식적인 선택은 습관이다. 습관적으로 그들은 삶에 대처하기보다 반응한다. 이처럼 부정적이고 안 좋은 태도는 길들여진 특성인 경우가 많다.

당연히 긍정적인 태도 역시 길들여진 특성이다. 따라서 모든 상황에 긍정적인 방식으로 대처하는 습관이 형성될 때까지 이 대원칙을 반드시 되풀이해 읽어야 한다. 승자들이 자신의 특성으로 만든 모든 위대한 대원칙을 당신이 습관으로 만들도록 돕는 것, 이것이 이 책의 목적이다.

330

긍정적인 태도는
창조하는 힘, 성장하는 힘이다

◇◇◇◇◇

사장 이야기로 돌아가보자. 지혜롭게 승자의 선택을 하고, 누군가의 불쾌한 태도에 반응하는 것이 아니라 대처한다면 우리는 다른 사람의 태도와 상관없이 자신의 태도를 책임지기 시작하게 된다. 우리는 객관적으로 그들의 말을 듣고 행동을 관찰할 것이다. 그러면 아마 이런 생각이 들 것이다. '안됐다. 스스로를 비참하게 만드는 선택을 하고 있어. 저렇게 어린애 같은 행동을 선택할 수밖에 없다니 안타깝네. 난 저렇게 행동하지 않아서 정말 다행이야.'

아울러 우리는 상대의 부정적인 말에 감정 상하지 말아야 한다. 누군가가 당신에게 직접 나쁜 말을 쏟아내도 감정이 흔들리는 것을 허용하지 마라.

나는 자존감 전문가 잭 캔필드Jack Canfield의 탁월한 조언을 따른다. 그의 조언에 따르면 누군가가 당신에게 직접 부정적인 말을 할 때마다 스스로 이런 말을 반복해야 한다. '당신이 나에 대해 뭐라고 생각

하고 말하든 상관없어. 난 내가 가치 있는 사람임을 알고 있어.'

이 조언을 듣고 이런 생각을 할지 모른다. '어려운 일이야. 특히 일부 사람의 말에 대해서는 그렇게 생각하기 힘들어.' 물론 어려울 수 있다. 하지만 당신은 할 수 있다. 그리고 한두 번 하다보면 더 잘하게 된다. 다른 사람의 불쾌한 태도에 이렇게 대처한다면 점점 더 잘 대처하게 된다. 그리고 곧 이런 태도가 습관이 된다. 그러면 다른 사람의 부정적인 말이나 행동에 능숙하게 대처하는 대가가 된다. 이 연습을 할 기회는 무수히 많다. 안타깝게도 안 좋은 태도를 보이는 사람이 많기 때문이다. 기억하라. 승자는 소수다. 그들은 인류의 5퍼센트에 불과하다.

이제 안 좋은 태도를 가진 불행한 사장 밑에서 일하는 것과 관련해 어떤 좋은 점이 있는지 생각해보자. 내가 좋은 점을 말해주겠다. 그런 상황과 마주할 때마다 당신은 부정적인 상황에서 긍정적인 태도를 유지하는 정신력을 강화할 놀라운 기회를 축복으로 얻는다. 이것이 좋은 점이다.

이 점을 곰곰이 생각해본다면 불쾌한 태도를 가

진 사람 밑에서 일하는 게 신날 수 있다. 머지않아 부정적인 사람을 마주할 때마다 자신의 태도에 대한 통제력을 의식적으로 발휘하게 될 것이다. 그리고 세네카의 조언이 더욱 강력한 의미로 다가오기 시작할 것이다.

진정한 승자는 태도를 통제하는 일의 대가다. 대개 그들은 모두가 부러워하는 대상이다. 태도를 통제하는 당신을 가장 부러워할 사람은 사장일 것이다. 곧 사장의 태도가 달라질 수 있다. 그리고 부정적인 정신에 짓눌려 있던 놀라운 일이 그 모습을 드러내기 시작한다. 승자의 태도가 전염되는 것이다. 당신 주변 사람들은 당신의 태도에 전염된다. 그들은 본성 깊숙한 곳에서 태도에 대한 통제권을 갈망해왔기 때문이다.

이 교훈의 출발점으로 되돌아가자. 당신은 영적인 존재다. 영은 항상 확장되고 온전히 표현된다. 영이 붕괴하는 일은 결코 없다. 부정적인 태도는 붕괴하는 힘이다. 반대로 긍정적인 태도는 창조하는 힘, 성장하는 힘이다.

부정적인 사람을 사랑하라. 그들이 당신에게 의

식적이고 긍정적으로 태도를 통제하는 연습을 할 기회를 제공한다는 이유만으로 그들을 사랑할 수 있다. 이 개념을 인생에서 벌어지는 부정적인 상황에도 적용해보라.

현재의 삶에 부정적인 상황이 전혀 없다고 말할 생각은 없다. 이런 상황은 많이 생긴다. 그중에는 끔찍한 상황도 종종 있다. 하지만 우리는 여러 번 들을 이 말을 기억해야 한다. 신은 우리가 견딜 수 있는 것 이상의 시련은 절대 주지 않는다.

때때로 부정적인 상황은 우리를 쓰러뜨려 궤도를 이탈하게 만들고 비뚤어진 태도를 드러내게 만든다. 이런 일은 누구에게나 일어난다. 나 역시 마찬가지다. 모든 상황이 꽃길 같다면 정신적 성장은 일어나지 않는다. 만사가 순탄하고 순조로운데 성장이 왜 필요하겠는가. 승자도 가끔 길을 잃고 헤맨다. 그들도 쓰러지고 질 수 있다. 하지만 그들은 절대 패배의 길에 머물지 않는다.

우리는 실수를 한다. 완벽한 사람은 아무도 없다. 승자는 완벽함을 추구하지만 거기에 도달하지는 못한다. 그렇기는 하지만 그들은 모든 성공의 기본이 태도라는 기본 진리를 잊지 않는다. 승자는 모두 태도를 통제하는 일에 대가다. 그러니 당신 또한 태도 통제하기를 습관으로 만들어라.

로버트 러셀은 말했다.

습관은 우리 삶에 좋은 것이 저절로 나타나게 하는 신의 방식이다.

이 말은 분명히 기억할 가치가 있다. 승자도 파산할 수 있고 가진 것을 모두 잃을 수 있다. 이런 일을 여러 번 겪을 수도 있다. 하지만 그들은 태도에 대한 통제권을 놓지 않는다. 그 결과 금방 정상의 자리로 돌아간다.

우리는 완벽하지 않다. 때때로 오판해 잘못된 결정을 내리기도 한다. 잘못된 결정은 잠시 위기를 초래할지 모른다. 하지만 위기의 순간에도 승자의 선택은 목표에 눈을 고정하고 긍정적인 태도를 유지하며 앞으로 나아가는 것이다.

승자는 모든 일이 법칙에 따라 일어난다는 진실을 굳게 믿는다. 일어난 모든 일에는 그럴 만한 이유

세상에 대한 당신의 태도가
세상이 당신을 대하는 태도를
결정한다.

가 있다고 생각하기에 무슨 일이 일어나든 자신의 태도에 대한 통제권을 놓지 않는다. 그들은 세상과 세상의 모든 일에 대한 자신의 태도가 세상이 자신을 대하는 태도를 결정한다는 아름다운 진리를 정확하게 인식한다. 어쩌면 당신은 이 진리를 이해하거나 받아들이기 어려울지 모른다. 그렇다 해도 이는 진리요, 법칙이다.

　생각하고 느끼고 행동하는 방식을 통제함으로써 당신 인생에 좋은 일이 일어나게 할 수 있다. 그러면 실제로 당신은 좋은 것을 끌어당기는 사람이 된다. 같은 이유로 안 좋은 태도를 지닌 사람은 부정적인 상황을 끌어당긴다. 이런 불쌍한 영혼들은 승자는 운이 좋다고 굳게 믿는다. 대부분의 패자가 이기려고 노력하지 않는 건 바로 이 때문이다. 그들은 운을 믿으면서 자신의 운에 대해서는 아무렇지도 않게 생각한다. 그들은 질서 있는 우주에서 자신이 필수 역할을 하며 통제력을 발휘할 수 있다는 진실을 배우지 못했다.

승자의 태도를 익혀라

◇◇◇◇◇

패자가 극심한 불황에 매출 신기록을 올리는 승자를 보며 운 말고 다른 어떤 이유를 댈 수 있을까? 패자는 경기가 자신의 매출량을 통제한다는 것을 '안다.' 그들이 보기에 매출을 올리고 있는 승자는 운이 좋다. 안타깝지만 이것이 패자의 삶의 방식이다. 이것이 그들의 태도며 그들은 이런 태도를 고수한다.

승자는 경기가 호황이든 불황이든 상관없이 매출에 대한 자기 생각과 감정, 행동을 통제하기로 선택한다. 이는 학생에게도 똑같이 적용된다.

승리하는 학생은 IQ 테스트에서 낮은 점수를 받았더라도 우수한 성적으로 졸업하겠다고 선택한다. 이것이 그들의 태도다. 그들은 할 수 있다는 태도를 지닌다. 자신의 IQ에 대한 전문가의 의견이 어떻든 그들이 생각하고 느끼고 행동하는 방식은 달라지지 않는다. 이와 반대로 아무리 천재적인 IQ를 지녔어도 자기 자신과 삶에 대해 부정적인 태도를 지니면 비참하게 실패한다. 천재가 실패의 나락으로 추락하는 일은 어디서든 목격된다.

레스토랑에서 근무하는 직원을 생각해보자. 음식이 훌륭하지는 않더라도 그가 좋은 태도와 전염성 있는 미소로 탁월한 서비스를 제공한다면 퇴근길에 매번 두둑한 팁을 챙겨 간다. 아마 지금 당신은 미소를 지으며 '맞는 말이야'라고 생각할 것이다. 그렇다. 맞는 말이다. 당신도 잘 알고 있다.

당신이 이 책의 다른 교훈을 모두 익히더라도 승자의 태도를 익히지 않는다면 차라리 혼자 집에 머무르는 편이 낫다. 승자의 태도를 익히지 않으면 패하고 만다. 절대 이기지 못하며, 일찍이 그리스인이 하데스Hades라고 불렀던 죽은 자들의 나라에서 살아갈 것이다. 태도가 전부다. 승자는 모두 이 진실을 알고 있다.

그다지 똑똑하거나 멋지지 않지만 크게 성공하는 사람들이 있다. 그들은 다른 사람들보다 학벌이 낮을 수 있고 외모는 미인 대회에는 명함조차 못 내밀 수준일 수 있다. 하지만 그들의 태도는 매우 훌륭해서 크게 성공한다. 그들을 아는 사람은 모두 그들과 그들의 업적에 큰 찬사를 보낸다. 사람들은 그들을 우러러보며 그들에게서 자주 조언을 구한다.

지금까지 우리는 상황과 개인의 성격을 주로 다루었다. 그렇다면 건강은 어떨까? 태도가 어떤 식으로든 건강에 영향을 미친다고 생각하는가? 유능한 의사라면 누구나 그렇다고 말할 것이다. 태도는 신체 건강과 정신 건강에 분명히 영향을 미친다. 버니 시걸Bernie Siegel의 《사랑+의술=기적Love, Medicine, and Miracles》과 캐서린 폰더Catherine Ponder의 《치료의 역동적 법칙The Dynamic Laws of Healing》을 읽어보길 권한다. 건강을 유지하는 일에서 정신적 태도가 확실히 엄청난 역할을 한다는 것을 알게 될 것이다.

이 2가지를 반드시 기억하라. 첫째, 생각을 통제하라. 둘째, 모든 일에는 긍정적인 면과 부정적인 면둘 다 있다.

긍정적인 태도를 유지하는 가장 좋은 방법은 도러시아 브랜디Dorothea Brande가 저서 《깨어나 네 삶을 펼쳐라Wake Up and Live!》에서 한 조언을 따르는 것이다. 진부하게 들릴 수 있지만 효과적이다. 그녀는 말했다.

실패가 불가능한 것처럼 행동하라.

난관에 부딪힐 때마다 이런 식으로 생각하는 습관을 길러라. 그러면 이 태도가 의심이나 걱정이 감히 범접할 수 없는 결과를 낳을 것이다.

의심과 걱정은 모두 지적인 사고 과정에서 선택한 생각이다. 이런 선택에는 두려움과 불안이 뒤따르는데, 승자라면 절대 하지 않는 선택이다. 다시 순환 과정을 생각해보자. 태도는 생각과 감정, 행동의 표현이다. 당신의 생각이 걱정을 선택한다면 뒤따르는 감정은 두려움이다. 그리고 두려운 감정은 우리가 불안한 행동이라고 부르는 물리적인 상태를 촉발한다. 의심과 걱정은 잊어버려라. 불안은 당신이 원하는 것이 아니다.

태도 통제를 게임으로, 이겨야 하는 게임으로 삼아라. 이 게임에서 승자가 되려면 반드시 따라야 하는 기본 규칙이 하나 있다. 이 규칙은 단순하다. 오늘 당신이 마주하는 모든 사람과 상황에서 좋은 점을 찾기로 선택하는 것이다. 이 행동이 습관이 될 때까지 내일도 반복하고 그다음 날도 반복하라. 이런 행동이

실패가 불가능한 것처럼
행동하라.

사람들이 당신에게 바라는 태도다. 사람들에게서 좋은 점을 찾으려고 노력하라. 그러면 신속하게 보상받을 것이다. 사람들도 당신에 대해 좋은 점을 생각하고 잘 대해줄 것이다.

이 행동을 잘 훈련해서 당신이 사람들에게서 좋은 점을 찾거나 그들에게 자신감을 불어 넣어준다고 생각해보라. 그들이 얼마나 긍정적인 영향을 받겠는가. 그러니 여기에 각별한 주의를 기울여야 한다.

생각의 변화가 태도를 바꾼다

◇◇◇◇◇

여러 해 전 내가 아주 가깝게 지내는 한 가족에게 큰 어려움이 닥쳤다. 그 집 가장은 집안의 절대 권력자, 우두머리로 군림해왔다. 그의 태도는 개선될 여지가 충분하다고 쉽게 말할 수 있겠지만 그렇지 않았다. 그는 자신 앞에 닥친 문제 때문에 기분이 몹시 안 좋았다. 그는 자기 생각의 통제권을 주변 상황에 맡기기로 선택했다. 상황에 휘둘리는 그의 생각들은 두말할 필요 없이 부정적이었다.

그에게 닥친 문제는 우편배달부의 파업이었다. 그는 수백 군데 거래처에 서비스를 제공하는 사업을 했으며, 각 거래처에서 매달 수익이 발생했다. 그리고 '수표는 우편으로 배달되었다.' 우편 업무가 마비되면서 현금 흐름이 점점 감소했다. 며칠 후에는 급여 지급일이었다. 그는 수천 달러가 부족했다. 과장하지 않고 하는 말인데 그의 걱정과 두려움, 불안이 점점 커져 더는 어떻게 해볼 도리가 없는 지경에 이르렀다. 그는 가족 모두를 불안하게 만들었다.

당시 캐나다에 있는 그의 집에 찾아간 나는 문제가 뭐냐고 그에게 물었다. 그는 자신이 처한 곤경을 설명했다. 그때 나는 분명히 그에게 이렇게 말한 기억이 난다. "걱정하지 말아요. 급여 지급에 필요한 돈보다 더 많은 돈이 생길 겁니다." 하지만 내 말은 전혀 먹히지 않았다.

그래서 다음으로 나는 오래된 캐나다 은행 계좌의 수표책을 꺼냈다. 수표에 내 서명을 한 뒤 그에게 주면서 급여 지급일에 돈이 부족하면 쓰라고 말했다. 신의 손길이 그에게 미쳐 도움을 베풀었다고 생각하는 사람도 있을 것이다. 그러자 그의 태도가 순식간에 달라졌다. 한순간에 이 남자의 세상이 달라졌다. 그는 기쁨을 주체하지 못한 채 웃음을 터뜨리며 좋은 이야기를 쏟아내기 시작했다.

몇 주 후 나는 캐나다로 돌아가 그의 집을 다시 찾았다. 그는 내게 수표를 그대로 돌려주며 말했다. "받아요. 프록터. 정말 고마워요. 그런데 수표가 필요 없었어요." 그는 내가 준 수표에 금액을 적어 넣지 않았다. 수표에는 내 서명만 있었다.

나는 말했다. "던, 그거 정말 다행이군요. 내 계좌에는 잔액이 전혀 없었거든요."

우리 모두를 위한 정말 훌륭한 교훈 아닌가! 몇 주 전 그날 던의 경제력은 1센트도 늘어나지 않았지만 그는 자신의 재정 상태가 나아졌다고 생각했다. 그렇다. 생각의 변화가 태도를 바꾸었다. 그가 문제를 해결한 것은 내가 전해준 가치 없는 종이 쪼가리 때문이 아니었다. 그가 긍정적인 태도로 행동한 덕분이었다.

내 조카 패티는 오래전 어렸을 때 토론을 하다가 누군가에게 이런 말을 들었다. "패티, 이거 다 사실fact이야."

패티의 답변은 최고였다. 나는 이 말을 절대 잊지 못할 것이다. 패티는 말했다. "사실이 뭐든 상관없어. 내게 진실truth을 말해줘. 사실은 늘 달라지잖아."

당신이 내 친구 던과 비슷한 상황에 부딪힌다면 패티의 말을 기억하라. 던은 월급날 지급할 돈이 부족하다는 분명한 사실을 믿었다. 하지만 그건 진실이 아니었다.

노먼 빈센트 필은 아름다운 진리를 우리에게 남겼다. 그는 번영과 성공이라는 놀라운 법칙의 기본 진리를 세 마디로 전해주었다.

믿어라, 그리고 성공하라.

1.   빅터 프랭클은 이렇게 썼다. "인간에게 모든 걸 빼앗아가도 단 한 가지는 빼앗지 못한다. 인간이 가진 최후의 자유, 어떤 상황에서든 자신의 태도와 삶의 방식을 선택할 자유는 빼앗지 못한다."

2.   '태도'는 다양한 언어에서 가장 중요한 단어다.

3.   태도에 대한 통제권을 환경에 내주면 삶에서 벌어지는 상황에 단순히 반응하면서 휘둘린다. 그러면 외부 힘의 노리개가 되고 만다.

4.   태도에 대한 통제권을 유지하면 상황에 적절하게 대처하게 된다.

5.   누구나 태도를 이해하고 통제할 수 있다.

6.   당신은 영적인 존재, 지적인 존재, 몸을 지닌 물리적인 존재라는 3가지 차원으로 살아간다.

7.   태도는 당신을 구성하는 3가지 특성을 모두 드러낸다.

8.   태도는 생각과 감정, 행동의 복합체다.

9.   당신은 생각을 선택하고 내면화된 생각은 감정을 불러일으킨

다. 그리고 감정은 행동을 유발한다.

10. 태도와 결과의 관계는 인과관계다. 태도와 결과는 떼려야 뗄 수 없다.

11. 마르쿠스 아우렐리우스는 "인간의 삶은 그들의 생각이 만드는 것이다"라고 말했다.

12. 우주의 자연법칙인 극성의 법칙은 모든 일에는 긍정적인 면과 부정적인 면이 있다고 분명히 말한다.

13. 부정적인 상황은 언제 어디서든 존재한다. 하지만 승자는 모든 상황에서 긍정적인 면을 보고, 긍정적인 면이 보이지 않으면 보일 때까지 찾는다.

14. 기쁨은 여가가 아니라 노동에서 비롯된다.

15. 모든 직업에는 나쁜 점만큼 좋은 점이 있다. 승자는 자신의 직업과 회사의 좋은 점에 초점을 맞춘다.

16. 승자는 소수다.

17. 모두가 승자의 태도로부터 유익을 얻는다. 승자의 태도는 전염되기 때문이다.

18. 당신이 허용하지 않으면 다른 사람이 당신을 화나게 하거나 당신의 태도에 영향을 미칠 수 없다.

19. 비난 게임은 바보 게임이다. 승자는 비난 게임에 참여하지 않는다.

20. 승자는 나쁜 태도를 지닌 사람을 어린애처럼 행동하는 불쌍한 사람이라고 생각한다.

21. 승자는 남들이 자신에 대해 뭐라고 생각하고 말하든 자신이 가치 있는 존재임을 안다.

22. 부정적인 태도는 붕괴하는 힘이다. 반대로 긍정적인 태도는 창조하고 성장하는 힘이다.

23. 당신이라는 존재의 핵심 요소는 영적인 요소다. 영은 언제나 확장하고 온전히 표현된다.

24. 신은 당신이 감당하기 어려운 시련을 절대 주지 않는다.

25. 누구나 수시로 실수하고 패배한다. 그럴 때 비뚤어진 태도를 보이는 사람도 있다. 하지만 승자는 그런 상황을 배움의 경험으로 보며 목표에 눈을 고정한다.

26. 승자는 모든 일이 법칙에 따라 일어나며, 자신이 우주에서 필요한 존재라는 진실을 안다. 일어나는 모든 일은 다 그럴 만한 이유가 있어서 일어난다는 진실을 잘 안다.

27. 승자는 세상에 대한 자신의 태도가 세상이 자신을 대하는 태도를 결정한다는 것을 안다.

28. 승자는 자신의 태도가 성공의 기본 중 기본이라는 것을 안다. 그들은 생각을 통제하는 일의 대가다.

29. 태도는 몸과 마음의 건강에 영향을 미친다.

30. 승자는 걱정을 거부한다. 그들은 걱정은 나쁜 선택이며 걱정 다음에는 두려움과 불안이 순식간에 몰려온다는 것을 안다.

31. 사실은 끊임없이 변한다. 하지만 진실은 변하지 않는다. 진실이 언제나 겉으로 드러나는 건 아니다.

32. 번영과 성공의 놀라운 기본 법칙은 이 세 마디다. "믿어라, 그리고 성공하라."

1. 앞으로 30일 동안 하루에 한 번씩 이 장을 다시 읽어라.

2. 당신의 업무나 회사에 대해 좋은 점 목록을 작성하라. 목록을 가지고 다니며 30일 동안 하루에 2번씩 읽어라.

3. 다른 사람이 잘하는 것을 찾아라. 그들의 장점을 발견하면 알 아냈다고 알려주라. 이것이 습관이 될 때까지 그렇게 하라.

4. 자기 회의감이 힘을 얻지 못하도록 맞서 싸워라. 그럴 때마다 자신이 얼마나 더 강력해지는지 주목하라.

5. 다음 문장을 스스로에게 거듭 반복해 말하라. "나는 영적인 존재다. 따라서 마주하게 될 모든 부정적인 상황보다 내가 훨 씬 강력하다. 나는 승자다."

6. 실수하고 패할 때 다른 모든 방법이 통하지 않으면 자신을 보 며 웃는 습관을 길러라. 한바탕 크게 웃고 나면 패배에도 불구 하고 정상 궤도로 되돌아가 긍정적인 생각이라는 승자의 선 택을 하기가 훨씬 쉬워진다. 한번 시도해보라. 울면 기분이 나빠지지만 반대로 웃으면 기분이 좋아진다.

CHAPTER 11

창조성

당신은 창조성을 타고난 스타다

우리는 모두 창조적인 존재다

◇◇◇◇◇

아이디어의 가치에 대해 진지하게 생각해본 적 있는가? 아이디어가 재산 가치가 있는 지적 자산이라고 생각하는가?

자동차에 편안하게 앉아 자동 주행 속도 유지 장치와 실내 온도 조절 장치를 켜놓고, 핸들 위치 조절 기능으로 적당하게 핸들을 위치시키고, 8개의 스피커를 통해 쿵쿵 울리는 음악을 들으며 도로를 달릴 때 당신은 '이 모든 게 얼마 전까진 그저 아이디어에 불과했는데'라는 생각을 해봤는가? 하늘을 조용히 가로지르는 제트기를 볼 때 '흠, 대단한 아이디어군'

이라고 생각한 적 있는가?

거울 앞에서 면도하거나 화장할 때 잠시 멈춰 자신의 눈을 들여다보면서 당신이 축복으로 받은 창조성creativity이라는 특별한 선물에 감사를 표한 적이 있는가?

당신이 다른 사람들과 비슷하다면 그러지 않았을 것이다. 연구에 따르면 인류의 절대다수는 자신이 창조적이라고 생각하는 법이 거의 없다. 대부분의 사람들은 창조성을 작가나 음악가, 예술가, 배우를 묘사할 때 쓰는 특별한 단어라고 생각한다. 인류의 95 퍼센트는 자신을 창조적인 존재로 생각하지 않는다.

하지만 우리는 모두 창조적인 존재다. 창조적인 능력 덕분에 당신에게 힘이 생기는 것이다. 창조력은 당신의 삶을 멋진 경험이 연속해서 일어나는 삶으로 바꿔놓는다. 누구나 창조성을 지녔는데 사람들은 어째서 이 능력을 사용하지 않는 걸까?

그 이유를 이번 장에서 설명할 것이다. 그리고 당신이 부여받은 창조성이라는 이 놀라운 정신 도구를 어떻게 활용하고 강화할 수 있는지도 중점적으로 다룰 것이다. 창조성을 활용한다면 당신은 최고의 성과를 내고 가장 위대한 봉사를 하며 노력에 대한 충분한 보상을 받게 될 것이다.

당신은 스타star다. 원래부터 당신은 스타였다. 어렸을 때 당신은 다른 아이들과 비슷했다. 당신의 에너지가 당신이 들어가는 모든 방에 빛을 비추었다. 당신은 매우 적극적이고 창조적인 능력을 지니고 있었다. 하루에도 여러 번 당신은 기어 단수를 높이고 창조의 엔진에 불을 붙이며 활활 타올랐다. 그러면 외부 세계의 문은 저절로 닫히고 모든 감각이 꺼지면서 물리적인 눈과 귀로 보고 듣는 것이 멈추었다.

당신은 아무런 노력 없이 마음대로 이 물질세계를 떠날 수 있었다. 고등한 정신 능력 중 하나인 상상력을 발휘해 그렇게 했다. 당신은 장엄한 공간으로 들어갔다. 당신 내면의 눈은 물리적인 눈으로는 결코 볼 수 없는 절대적인 아름다움을 명료하게 봤다. 그곳에서 당신은 성을 짓고 황홀한 곳들로 환상적인 여행을 떠났다. 그곳에서 당신은 원하는 것은 무엇이든 할 수 있었다.

당신은 놀라운 영적 놀이터에서 날마다 많은 시간을 보냈다. 그곳에는 결핍과 한계가 존재하지 않았

원래부터 당신은
스타였다.

다. 모든 것이 가능했다. 요청하고 받기만 하면 되었다. 상상력에 주문하는 모든 일은 어김없이 다 이루어졌다. 당신의 삶은 진정으로 풍요로웠다.

대물림되는 무지

◇◇◇◇◇

당신을 사랑으로 보살피는 부모나 보호자는 당신이 상상의 나래를 펼치러 조용히 곁을 떠나면 매우 기뻤을 것이다. 그럴 때 당신은 보통 한 장소에서 가만히 있었다. 그러니 좋지 않았겠는가? 그 시간이 그들에게는 자유시간이었다. 그들은 당신을 돌보다가 휴식을 취할 수 있었다. 그들은 당신이 어떤 종류의 창조적인 정신 활동을 하고 있는지 몰랐다. 그들의 관심사는 당신이 그저 조용히 있는 것이었고 그들은 그걸 매우 좋아했다.

　많은 가정에서 아이들의 이런 행동을 두고 '착하다'라고 한다. 당신의 정신 활동을 제대로 인식했다면 당신을 돌보던 사람은 아마 더 열심히 해보라고 격려했을 것이다. 심지어 그들 자신마저 그 조용한 시간을 활용해 정신 활동을 하며 자신의 꿈을 갈고닦을 수 있었다. 하지만 안타깝게도 그런 일은 거의 일어나지 않았다.

대부분의 부모나 보호자는 아이들이 무엇을 하고 있는지 이해하지 못한다. 그들의 부모도 그랬기 때문이다. 무지는 한 세대에서 다음 세대로 이어지고 있다. 불행히도 이런 일이 수백 년, 아니 수천 년 동안 계속되고 있다.

《성경》에는 이런 무지가 어떻게 대대로 전해지는지 기록되어 있다. 〈출애굽기〉에는 "아버지의 죄악이 아들에게로 삼사 대까지 이를 것"이란 기록이 있다. 이 내용이 〈에스겔서〉에서도 반복된다. "아버지가 신 포도를 먹었으므로 그의 아들의 이가 시다." 이런 일이 당신의 가정에서 일어나고 있다면 내가 한 것처럼 그러기를 중단하라.

앞의 이야기로 돌아가보자. 시간은 빨리 흐른다. 당신은 점점 자라 청소년이 되어갔다. 그러다가 어느 시기에 부모는 당신에게 뭔가를 가르치려고 하면서 당신이 자신의 가르침에 주의를 집중하기를 바랐

360

다. 바로 그때 당신은 상상의 세계를 벗어났다. 위대한 일을 하는 동시에 창조적인 정신 근육을 강화하던 세계에서 더는 머물지 못하게 된 것이다.

아름다운 자유의 세계로 방문하던 당신은 갑자기 그 세계로 들어가는 일을 중단했다. 당신의 부모는 당신을 물리적인 세계로 서둘러 데려오는 방법을 알고 있었다. 그들은 그 방법을 자신의 부모에게서 배웠다. 시끄러운 잔소리는 당신의 주의를 끌었고 언제나 효과가 있었다. 시끄럽게 잔소리하거나 큰소리로 야단침으로써 부모는 자신들의 세계, 즉 진동이 낮은 세계로 당신의 정신을 순식간에 데려왔다.

그럴 때마다 부모는 부모의 권위를 내세워 어른들은 그런 식으로 살지 않는다, 그건 현실이 아니다, 아기들이나 상상의 세계로 떠난다고 말했다. 당신은 처음에는 부모의 말에 신경 쓰지 않았다. 그리고 내면의 눈으로 본 아름다운 것들과 상상의 세계에서 한 흥미진진한 활동들을 말하기 시작했다.

그러면 무슨 일이 일어났는지 기억 날 것이다. 당신이 창조적인 경험을 이야기했을 때 부모의 얼굴에 드러난 표정이 모든 걸 말해주었다. 그들은 아무

말 하지 않아도 되었다. 하지만 말했다. 그들은 당신이 경험한 그곳은 환상이라고, 진짜 세계가 아니라고 똑똑히 말해주었다. 그러면서 당신의 주의를 물리적인 외부 세계로 끊임없이 끌어당겼다. 당신에게 외부 세계가 진짜라고 말했다. 이제 당신은 아름답고 영적인 놀이터인 내부 세계로 들어갈 때마다 자신이 아무것도 모르는 아기 같다고 느낄 수밖에 없었다.

부모는 권위를 거듭 내세우며 자기네 말이 옳다고 당신을 설득했다. 부모의 말을 듣지 않으면 당신은 바보 같은 아기처럼 행동하는 셈이었다. 그들은 인간의 잠재력과 창조 과정에 대한 자기네 무지를 당신에게 물려주고 있었다. 반복되는 그들의 말은 마치 당신의 정신에 녹음된 것처럼 깊이 새겨졌다. 이런 부모의 의견은 곧 당신의 정신을 지배했고 마침내 삶을 통제했다.

부모의 의견이 당신의 정신에 새겨진 건 오래전 일일 수 있다. 하지만 당신이 진정한 소원을 품고 내면의 멋진 장소, 모든 창조가 시작되는 장소로 들어갈 때마다 그 오래된 정신 녹음기의 스위치가 켜지고 부모의 말이 재생되기 시작한다. 재생되어 흘러나오는 말은 몇 년 전과 똑같은 효과가 있다. 당신은 바보 같다고 느끼고 아기처럼 행동한다고 느낀다. 당신은 부모로부터 길들여진 생각에서 벗어나지 못하고, 내면세계에서 느끼는 감정을 즐기지 못한다. 마침내 당신은 점점 성장해 어른이 된다. 그리고 어린아이였을 때 즐겼던 정신 여행을 더는 하지 않는다.

창조는
비물리적인 영역에서 시작된다

◇◇◇◇

현재 막대한 빚더미에 올라앉아 있는데 백만장자가 된 자신의 모습을 시각화하거나, 의사에게 심각한 병에 걸렸다는 진단을 받았는데 건강하게 지내는 자신의 모습을 상상하는 건 터무니없는 짓이다. 혼자 고독한 생활을 하면서 사랑하는 연인과 함께 있는 자신의 모습을 그려보는 건 우습다. 남의 회사에서 말단직으로 근무하면서 성공한 회사의 CEO가 된 자신의 모습을 상상하는 건 더 엉뚱한 것 같다. 이렇게 당신은 정신과 신체에 한계가 있는 물리적인 세계로 되돌아와서 자신의 꿈을 밀쳐낸다.

하지만 꿈을 보지도, 듣지도, 냄새 맡지도, 맛보지도, 만지지도 못한다면 그것이 어떻게 현실이 될 수 있겠는가?

지금부터 꿈이 어떻게 현실이 될 수 있으며 내면의 창조적 세계가 왜 진짜인지 이야기해보자. 창조성, 창조적 현실, 꿈꾸는 현실 등 뭐라고 부르든 상관없다. 탁월한 성공을 거둔 사람들은 모두 보이지 않는 비물리적인 이 세계가 진짜임을 알고 있다. 그들은 비물리적인 영역이 모든 창조가 시작되는 곳임을 예리하게 인식한다.

나는 물리적인 세계에는 관심이 없다. 그보다는 "물리적인 세계를 개선할 수 있게 해주는 현실"에 관심이 있다. 이번 장에서 다루는 현실은 이런 현실이다.

내가 말하는 현실은 물리적인 한계 너머를 보는 현실이다. 팩스와 전화기의 발명가가 회의론자들의 반대에 직면해도 목표를 향해 계속 나아갈 수 있게 해준 현실, 기술자들이 V8 엔진을 자체 제작하는 것이 불가능하다고 말했을 때도 헨리 포드Henry Ford가

V8 엔진에 눈을 고정할 수 있게 해준 현실, 당신과 내게 밝은 불빛을 주려고 토머스 에디슨이 수백 번, 수천 번의 실패에도 불구하고 발명을 계속하도록 그에게 불굴의 의지를 주었던 현실. 이런 현실을 말하는 것이다.

이번 장은 당신을 상상의 세계로 다시 데려간다. 모든 성취가 상상에서 시작된다는 진실을 아는 사람은 인류의 5퍼센트뿐이다. 성공한 사람은 상상의 세계로 자주 들어간다. 당신이 장애물에 파묻혀 앞으로 나아갈 수 없는 것처럼 보여도 이번 장은 당신이 전진하도록 도울 것이다.

당신의 정신에 어떤 생각이 녹음되어 있는지 인식하고 그것을 제거해야 한다. 녹음된 목소리가 들리거나 자신이 아이 같거나 바보 같다는 느낌이 들 때마다 이성적으로 판단하라. 지금까지 살았던 창조적이고 성공한 사람은 모두 아이 같은 특성을 계속 발전시켰음을 기억하라.

5퍼센트의 사람만 승자의 선택을 한다. 그들은 날마다, 하루에도 여러 번 경이로운 상상의 세계로 떠난다. 상상 속에서 그들은 복잡한 버스를 탈 수도 있고 비행기를 탈 수도 있다. 몸은 남겨두고 신속하게 정신 여행을 하면서 가족이나 친구와 저녁을 먹을 수도 있다. 그들은 상상의 눈으로 볼 수 있는 것은 결국 물리적인 손으로도 잡을 수 있다는 진실을 안다. 그들은 원하는 것은 무엇이든 가질 수 있다. 정말 환상적인 자유 아닌가?

그들 중 많은 사람이 창조 과정을 이해하기 전에는 매우 제한된 삶을 살았다. 그들은 목표를 세웠지만 과거 경험이나 현재 물리적인 자산에 근거한 목표였다. 그들은 정신에 기록된 낡은 녹음테이프가 시키는 대로 목표를 세웠다. 하지만 이제 그 녹음테이프는 사라졌다.

이제 그들은 자신이 원하는 것을 선택한다. 그들은 원하는 것에 대한 이미지를 그리고 상상 속에서 배우처럼 연기만 하면 된다는 것을 안다. 그러면 필요한 자원을 끌어당긴다. 날마다 원하는 것에 더 가깝게 다가가면서 필요한 경험을 얻는다. 그들의 정신에는 이미 필요한 자원과 경험이 있다. 제임스 앨런은 이렇게 썼다.

상상의 눈으로 볼 수 있는 것은
물리적인 손으로도 잡을 수 있다.

당신의 상황이 마음에 들지 않을 수 있다. 하지만 이상을 인식하고 거기에 도달하기 위해 노력한다면 그런 상황은 오래 지속되지 않을 것이다.

실패자라는 자아상에서 벗어나라

◇◇◇◇◇

수많은 남성과 여성이 학창 시절에 우등생이 아니었기 때문에 지루하고 의미 없는 삶을 살아간다. 그들은 낮은 성적을 받았고 그들의 성적표는 비참한 실패를 가리켰다. 불행히도 그들은 낮은 성적으로 자아상의 한 축을 만들었다. 그리고 시간이 지나도 여전히 자신을 실패자라고 생각한다. 창조적인 잠재력에 관한 아름다운 진리를 그들은 결코 깨닫지 못한다. 이런 사람들은 훌륭한 직업을 구하거나 역동적인 조직에서 좋은 자리를 차지하려고 노력하는 법이 없다. 그들은 자기 회사를 설립하거나 진정한 가치를 창출하려고 시도하지 않는다. 실패자라는 자아상 때문이다.

내가 하는 말에 공감한다면 잘 들어보라. 최근에 나는 학교 성적이 나빴던 한 남성의 이야기를 읽었다. 아마 당신은 이 남성의 이름을 잘 알고 있을 것이다. 어쩌면 그 이름이 당신 자동차 보닛에 새겨져 있을 수 있다. 이 남성은 학교에서 낮은 성적을 받았다. 하지만 성적이 낮다고 해서 좌절하지 않았다. 자신의 우주가 엔진과 모터, 자전거를 중심으로 어디서나 돌아간다고 확신했기 때문이다. 그는 성적만 형편없었던 게 아니라 운동도 잘하지 못하는 허약한 소년이었고 친구들의 심한 놀림을 받았다. 하지만 그는 그런 열등감을 성공을 향한 강렬한 소원으로 바꾸었다. 그는 명성과 부를 얻고 세계적으로 인정받았다.

다음은 이 남성이 성공하기 위해 개인적으로 활용한 5가지 원칙이다.

1. 야망과 젊은 활력을 유지하라.
2. 합리적인 이론을 따라라. 새로운 아이디어를 찾고 생산성을 개선하는 데 시간을 투자하라. 이것이 창조성이다.
3. 일에서 기쁨을 얻어라. 근무 환경을 최대한 즐겁

게 만들려고 노력하라.

4. 원활하고 조화로운 업무 리듬을 끊임없이 찾아라.

5. 연구와 힘든 일의 가치를 늘 기억하라.

길에서 혼다 자동차가 지나갈 때마다 이 이야기를 상기하라. 이 남성의 이름이 바로 혼다 소이치로 本田宗一郎다. 내가 아는 성공한 사람 대부분은 혼다와 비슷하다. 그들의 출발은 형편없었다. 나 역시 끔찍한 지점에서 출발했다. 당신의 시작도 그렇다면, 그리고 그 시작 때문에 발목이 잡혀 있다면 지금 이 순간을 변화의 순간으로 만들어라.

그렇게 하면서 윌리엄 제임스의 말을 기억하라. "인생을 바꾸려면 3가지 규칙을 기억하라. 첫째, 즉각 변화하라. 둘째, 대담하게 변화하라. 셋째, 예외를 두지 마라." 그는 한 가지를 더 말했다.

최상의 준비는 시작하는 것이다.

창조적인 사고를 한마디로 완벽하게 정의할 수는 없다. 창조적인 사고로 나타나는 행동은 특정한 규칙 없이 다양하다. 창조성이 깨어나는 특별한 시간이나 특정한 장소 또한 없다. 창조적인 사고는 음악이나 그림 같은 예술과 비슷하다. 어떤 예술에서든 기량을 발휘하려면 연습하고 또 연습해야 한다. 지금 당장 창조적인 사고를 연습하기 시작하라.

앞으로 살아가면서 이런 유형의 사고에 전념한다면 창조력을 가장 큰 자산으로 만들 수 있다. 꾸준히 연습하면 당신은 창조성의 대가가 될 수 있다. 그리고 대가들이 얻는 보상을 얻게 될 것이다.

상상력이란 무엇인가

◇◇◇◇◇

길들여진 사고방식과 다르게 생각하는 것, 이것을 창조적인 사고라고 여길지 모른다. 하지만 따져봐야 할 게 있다. 창조적인 사고라는 명칭 자체가 적절한 표현이 아니다. 창조적인 결과는 흔히 상상력의 작용에서 비롯된다. 반면에 사고는 추론의 작용이다. 상상력과 추론이 맡은 임무는 다르다. 상상력은 창조적인 임무를, 추론은 논리적인 임무를 수행한다.

이번 장에서 우리가 가장 크게 주목할 것은 상상력이다.

나폴레온 힐에 따르면 우리는 "창조적 상상력 creative imagination"과 "합성적 상상력synthetic imagination"을 가지고 있다. 창조적 상상력은 가공되거나 다른 것이 섞이지 않은 순수한 에너지를 이용해 무에서 유를 창조하는 것이다. 전구가 좋은 사례다.

합성적 상상력은 이미 존재하는 창조품을 활용해 더 나은 결과를 얻기 위해 기존의 창조품을 변경하는 것이다. 적절한 사례로는 형광등이 있다. 합성적 상상력은 창조적 상상력에 버금가는 결과를 만들어낸다. 이 2가지 상상력은 어느 쪽이 더 낮다고 할수 없을 만큼 모두 효과적이다.

합성적 상상력부터 시작해보자. 여러 해 전 나는 합성적, 창조적, 정신적 다이얼을 돌려 마음의 주파수를 바꾸는 기술을 배웠다. 이 기술에는 다음과 같은 7가지 단어가 관련되어 있다. 각 단어는 낡은 아이디어를 새롭게 보는 방법을 제시한다.

1. 조합

2. 결합

3. 응용

4. 확장

5. 재배열

6. 축소

7. 대체

이 단어들을 어떻게 활용하는지 알아보기 전에 창조적인 기술을 활용해 단어 하나하나를 쉽게 기억하는 법을 찾아보자. 그러면 각 단어를 활용하고 싶을 때마다 자유자재로 불러올 수 있을 것이다.

첫 번째 단어는 조합combination이다. 이 단어는 C로 시작한다. 그다음 단어들은 결합association과 응용adaption이다. 둘 다 A로 시작한다. 그다음은 확장magnification이다. M으로 시작한다. 그다음 단어들인 재배열rearrangement과 축소reduction는 R로 시작하며 대체substitution는 S로 시작한다.

각 단어의 첫 글자만 따보면 C와 R이 2개, S와 A가 2개, M이 1개다. 이 문장으로 기억해보라. "창조성은 정말 간단하다Creativity is really simple."이 문장에는 R과 A가 2개다. 이 문장을 두세 번 반복하라. 이 문장을 계속 반복하면 정신에 깊이 새겨질 것이다. 그런 다음에는 C와 R 2개, S와 A 2개, M 1개를 기억하면 된다. 이 첫 글자들은 조합, 재배열, 축소, 대체, 결합, 응용, 확장이다.

이제 이 단어들을 어떻게 활용하는지 보자. 이 방법이 합성적 상상력을 발휘하거나 활성화하는 데 사용하는 기술이라는 점을 기억하라. 합성적 상상력의 목표는 뭔가를 더 나은 상태로 개선하는 것이다. 삶의 수준을 높이는 광범위한 목표에서부터 자동차의 타이어를 교체하는 목표까지 합성적 상상력의 목표는 다양하다.

이제 연습해보자. 목표에 도달하거나 결정을 내리거나 문제를 해결하겠다는 소원을 떠올려라. 원하는 바를 정신에 생생하게 시각화하라. 긴장을 풀어라. 그런 다음 7개의 단어를 꺼내보라. 자, 시작해보자. C와 R 2개, S와 A 2개, M 1개다.

먼저 조합Combination을 생각해보자. 결과를 개선하기 위해 기존의 창조품에 뭔가를 더 추가하는 것이 조합이다. 현재 주변에 있는 조합을 생각해보라. 신발을 예로 들면 신발에 새로운 구성을 추가해 운동화, 스파이크화, 하이힐이라는 조합을 만들었다. 전화기도 자동응답 전화기, 팩스, 모뎀이라는 조합이 생겼다. 자동차를 생각해보면 자동 주행 속도 유지 장치, 실내 온도 조절 장치, 라디오, 전화기 등 조합이 무궁무진하다. 연필은 탄소와 페인트, 나무, 고무의 조합이다.

재배열Rearrangement은 어떤가? 이 단어는 놀라운 창조적 자극을 준다. 재배열과 관련해 미국 남부에서 전하는 인상적인 이야기가 있다. 오래된 호텔 로비에서 두어 명의 엔지니어들이 보수 공사 이야기를 하고 있었다. 그들은 리모델링 이야기를 나누며 엘리베이터를 설치할 최적의 장소를 결정하려고 했다. 엘리베이터를 어디에 설치해야 객실에 주는 영향을 최소화할 수 있을까? 근처에 있던 청소부가 건물 밖에 엘리베이터를 설치하면 어떠냐고 제안했다. 그러면 객실을 전혀 손상하지 않을 수 있고 귀중한 공간을 잃지 않을 수 있었다. 오늘날 세계 어디서든 건물 외부에 설치된 엘리베이터를 볼 수 있다. 나는 그 청소부가 자신을 창조력을 지닌 천재라고 생각해본 적 있는지 궁금하다.

다음으로 축소Reduction를 생각해보자. 오늘날 우리는 핸드폰, 휴대용 팩스, 노트북, 소형 녹음기, CD를 사용한다. 또 많은 도시에서 대형 극장이 있던 장소를 가보면 건물이 새로운 배열로 다시 지어지고 큰 극장 대신 소극장이 들어와 있는 걸 보게 된다.

대체Substitution는 어떤가? 지난 50년 동안 대체는 가장 창조적인 자극제 중 하나였다. 가죽 대신 비닐, 금속이나 나무 대신 플라스틱, 철강 소재 대신 유리 섬유로 만든 자동차, 진공관 대신 트랜지스터, 기계식 시계 대신 전기식 쿼츠 시계quartz clock 등이 그렇다. 대체는 당신이 무엇을 하든 그 일을 개선하는데 엄청난 역할을 할 수 있다. 경이로운 정신으로 여기저기 둘러보고 탐색해보라. 당신은 스타다. 다양한 공간을 넘나들며 모든 것을 다르게 보라.

결합association을 생각해보자. 당신은 이미 결합의 유익을 활용하고 있다. 창조적인 자극제인 7가지 단어를 기억하려고 우리는 지금 결합이라는 능력을 발휘하는 중이다. 결합은 일련의 아이디어나 사물,

376

사건을 기억하는 매우 창조적인 방식이다.

응용adaption은 당신이 반드시 사용해야 하는 창
조적인 자극제다. 안전띠는 비행기 탑승객의 안전
을 위해 만들어졌다. 이 안전띠가 자동차 승객의 안
전을 위해 응용되었다. 자동차의 안전띠 착용이 매우
효과적이어서 현재는 의무 사항이 되었다. 한편 오락
을 위해 개발된 TV는 교육 도구로 응용되었다. 인공
위성은 군사용 외에 친숙한 통신용 등으로 응용되어
활용되고 있다. 뭔가를 다른 방식으로 사용하려고 응
용한 사람들은 당신과 비슷한 사람들이었음을 기억
하라. 그들은 상상력으로 뭔가를 보았다. 그리고 아
이디어에 따라 행동했다. 그렇게 해서 그들은 큰돈을
벌었고 응용을 하며 기쁨을 누렸다.

확장magnification은 어떤가? 그리스의 선박왕 오
나시스Aristotle Onassis는 상상력으로 기름 수백만 배럴
을 실어나르는 초대형 유조선supertanker을 생생하게
그렸다. 누군가는 수백 명의 탑승객을 태운 초대형
여객기를 상상했고 어느 예리한 비누 판매원은 대용
량 비누 상자를 상상했다. 지금 시대를 마천루 시대
라거나 대형 자동차 시대라고 부르는 사람들이 있다.

377

맞는 말이다. 하지만 그보다 더 중요한 점은 초고층 건물과 대형 자동차가 우리 정신이 어디까지 확장되어 창조력을 발휘할 수 있는지 보여주는 확실한 증거라는 것이다. 어떤 대상이 되었든 거기에 열린 마음을 유지하라. 더 크면 더 좋지 않을까? 사업을 하다보니 알게 되었는데 세미나의 규모가 크면 거기서 뿜어나오는 에너지도 커진다. 큰 세미나에서는 모두가 유익을 얻는 시너지 효과가 생긴다.

이러한 정신적 자극제들을 서로 조합해 사용하라. 이런 유형의 정신 활동은 당신이 세상에서 일어나는 변화에 적응하도록 돕는다.

당신의 제품과 서비스의 질을 향상시켜라. 사람들에게 더 나은 봉사를 하고 창조적인 정신력을 발휘하면 당신 삶의 질 또한 향상될 것이다. 이것이야말로 창조적이지 않은가? 이것은 인과 법칙이기도 하다.

소원에 먹이를 주라

◇◇◇◇

합성적 상상력은 이미 존재하는 창조품을 사용해 그것을 개선한다. 반면에 창조적 상상력은 무에서 유를 만든다. 경영자, 작가, 음악가, 예술가는 창조적 상상력을 발휘해 위대해지고 위대한 일을 한다.

'위대함'은 황홀한 단어다. 위대한 일을 하기 전에 이미 자신이 위대하다는 진실을 인식해야 한다. 위대한 사람은 날마다 사소한 일을 위대한 방식으로 함으로써 위대한 일을 한다.

위대한 사람과 위대한 업적의 인과관계를 몇 년 동안 연구한 끝에 나는 몇 가지 결론에 이르렀다. 위대함이 스스로 모습을 드러내게 하는 사람이 있다. 그들은 더 나은 것을 만들려는 내적 욕구나 소원을 인식하는 사람이다. 그들은 더 나은 세상을 만들기를 원한다. 소원의 존재를 점점 더 인식할수록 소원은 고조되고 더욱 강력해진다.

이제 잠시 내 생각의 흐름을 따라와보기 바란다. 내가 깨달은 진리는 하룻밤 사이에 알게 된 것이 아

379

니다. 오랫동안 부지런히 연구하고 열심히 노력한 결과 알게 된 내용이다. 내가 전하는 메시지를 당신이 이해한다면 당신은 연구에 바칠 수많은 시간을 절약할 수 있고, 즉각 비약적인 도약을 할 수 있을 것이다.

모든 것을 더 낫게 만들고 싶은 욕구나 소원은 영에서 비롯된다. 영은 언제나 확장하고 온전히 표현된다. 당신이라는 존재의 핵심은 영이다. 정신의 진동이 매우 강력할 때 창조적 상상력이 활동을 시작한다. 창조적 상상력은 당신의 일부다. 이 상상력이 당신과 영을 연결한다.

일부 집단에서는 이런 영을 "무한한 지성infinite intelligence"이라고 부른다. 영은 모든 것을 알고 있다. 영은 모든 일을 할 수 있다. 당신의 정신은 강렬한 소원을 통해 강력한 진동을 일으킬 수 있다. 소원에 생각이라는 먹이를 많이 줄수록 소원은 더욱 불타오른다. 당신이 활활 타오르는 창조적 상상력을 발휘해 강력한 진동을 일으킬 때 전지전능한 영은 당신에게 세상이 지금껏 경험해보지 못한 가장 크고, 좋고, 아름답고, 효과적인 비전을 제시한다.

당신은 스타며 신의 위대한 일에 사용되는 도구

다. 이를 두고 우리는 '창조물'이라고 말한다. 생각해보자. 창조물은 창조주를 드러낸다. 디자인이 디자이너를 드러내는 것과 마찬가지다. 당신은 신의 가장 위대한 창조물이다.

위대함이 흐르는 사람은 우주의 전체 체계에서 자신이 어떤 역할을 하는지 완벽하게 인식한다. 그들은 자신이 아니라 영이 위대한 일을 한다는 것을 안다. 그래서 그들의 자아는 적절한 자리를 차지한다. 이 심오한 인식 덕분에 그들은 신의 놀라운 도구가 된다.

유능한 사람은 창조적이다. 그들은 무척 분주하고, 강렬한 사랑에 빠지며, 삶의 긍정적이고 창조적인 면과 보조를 맞추느라 부정적인 면은 거들떠보지 않는다. 물론 그들은 부정적인 면이 존재함을 안다. 하지만 거기에 장단 맞추지 않는다. 그들은 할 일이 너무 많고 몹시 지혜로워서 부정적인 것과 씨름하지 않는다.

무척 똑똑한데 유능하지 못하고 좋은 성과를 내지 못하는 사람이 있다. 영의 작용을 모르는 사람들은 이유를 이해하지 못해 의아해한다. 이유를 알려주겠다. 매우 중요한 내용이니 주의 깊게 듣기 바란다. 모든 창조적인 사람은 생산적이고 똑똑하다. 반면에 똑똑하다고 해서 다 창조적이고 생산적이지는 않다. 따라서 진심으로 삶의 질을 개선하고 싶다면 창조성을 우선순위에 두어야 한다.

신체의 경이로움을 인식하는 것으로 시작하라. 대부분의 사람들이 당연하게 여기는 신체에서 벌어지는 많은 작용을 생각해보라. 당신의 뇌와 중추신경계가 얼마나 경이로운 일을 하는지 생각해보라. 심장과 폐, 신장이 어떻게 날마다 쉬지 않고 일하는지 생각해보라.

이제 내면의 고요한 소리를 인식하고 거기에 귀 기울여보라. 내면은 감정이라는 형태로 말을 한다. 잘 들어보라. 당신의 마음에 의심과 두려움의 스위치는 끄고 소원과 희망의 스위치는 켜는 기적 같은 능력이 있음을 인식하라. 소원에 먹이를 주라. 그토록 바라던 모습이 된 자기 자신을 시각화하라. 그런 존재를 즐겨라.

∽

꿈꾸라. 마음에 날개를 달아주라. 의심을 놓아주라. 의심이 제 갈 길을 가게 두라. 소원에 먹이를 주라. 정신의 주파수가 강력해질 때까지 계속 먹이를 주라. 정신에 멋진 그림을 그려라. 그것을 정신에 새기고 글로 적어라. 창조적인 자료를 만들어라. 아이디어에 따라 행동하라. 실패 때문에 중단하지 마라. 모든 실패를 창조적인 진동을 다시 일으키는 출발점으로 여겨라. 원망과 후회는 내다 버리고 오직 감사하는 태도만 보여라. 무슨 일이 일어나고 있는지 알고 있음에 감사하라. 영이 당신을 통해 완벽하게 드러나려 함을 당신은 안다.

실패를 두 번 다시 하지 않을 실수라고 생각하라. 실수가 생기는 주된 이유는 당신을 통해 완벽하게 드러나려는 영을 당신의 자아가 방해하기 때문이다. 무지한 사람은 실수나 실패를 다른 사람이나 상황 탓으로 돌린다. 그들은 갇혀 있다. 당신은 좋은 것에 초점을 맞춰야 한다. 모든 사물과 모든 사람에게 있는 위대함을 보라. 위대함은 사물과 사람을 통해 빛나는 영이라는 진실을 인식하라.

더 좋고, 더 낫고, 더 위대한 것을 소원하는 마음

에 계속 먹이를 주라. 그러면 당신의 모든 정신은 강력한 진동을 일으킬 것이다. 창조적 상상력을 영과 연결하려면 강력한 진동이 일어나는 곳에 머물러야 한다. 영과의 연결이 우주의 유일한 근원과의 연결임을 깨달아라. 나는 영을 사랑한다. 내 모든 것을 바쳐 사랑한다. 당신도 그렇게 하라.

영이 당신을 통해 빛나게 하라. 당신의 탁월함을 영에 맡겨라. 의심하지 마라. 그저 소원에 먹이를 주라. 나머지는 다 저절로 이루어진다. 왜냐고? 당신은 스타기 때문이다.

1. 인류의 **95퍼센트**는 자신을 창조적인 존재로 생각하지 않는다. 하지만 우리는 모두 창조적인 존재다.

2. 당신은 스타다. 원래부터 당신은 스타였다. 어렸을 때 당신은 매우 적극적이고 창조적인 능력을 지니고 있었다.

3. 당신은 놀라운 영적 놀이터에서 날마다 많은 시간을 보냈다. 그곳에는 결핍과 한계가 존재하지 않았다. 모든 것이 가능했다. 요청하고 받기만 하면 되었다. 상상력에 주문하는 모든 일은 어김없이 다 이루어졌다. 당신의 삶은 진정으로 풍요로웠다.

4. 대부분의 부모나 보호자는 아이들이 무엇을 하고 있는지 이해하지 못한다. 그들의 부모도 그랬기 때문이다. 무지는 한 세대에서 다음 세대로 이어지고 있다. 불행히도 이런 일이 수백 년, 아니 수천 년 동안 계속되고 있다.

5. 당신은 부모로부터 길들여진 생각에서 벗어나지 못하고, 내면세계에서 느끼는 감정을 즐기지 못한다. 마침내 당신은 점점 성장해 어른이 된다. 그리고 어린아이였을 때 즐겼던 정신 여행을 더는 하지 않는다.

6. 탁월한 성공을 거둔 사람들은 모두 보이지 않는 비물리적인

이 세계가 진짜임을 알고 있다. 그들은 비물리적인 영역이 모든 창조가 시작되는 곳임을 예리하게 인식한다.

7. 당신의 정신에 어떤 생각이 녹음되어 있는지 인식하고 그것을 제거해야 한다.

8. 5퍼센트의 사람만 승자의 선택을 한다. 그들은 날마다, 하루에도 여러 번 경이로운 상상의 세계로 떠난다.

9. 수많은 남성과 여성이 학창 시절에 우등생이 아니었기 때문에 지루하고 의미 없는 삶을 살아간다.

10. 성공한 사람들의 출발은 대부분 형편없었다. 나 역시 끔찍한 지점에서 출발했다. 당신의 시작도 그렇다면, 그리고 그 시작 때문에 발목이 잡혀 있다면 지금 이 순간을 변화의 순간으로 만들어라.

11. 창조적인 사고라는 명칭 자체가 적절한 표현이 아니다. 창조적인 결과는 흔히 상상력의 작용에서 비롯된다. 반면에 사고는 추론의 작용이다.

12. 나폴레온 힐에 따르면 우리는 "창조적 상상력"과 "합성적 상상력"을 가지고 있다.

13. 창조적 상상력은 가공되거나 다른 것이 섞이지 않은 순수한 에너지를 이용해 무에서 유를 창조하는 것이다. 합성적 상상력은 이미 존재하는 창조품을 활용해 더 나은 결과를 얻기 위해 기존의 창조품을 변경하는 것이다. 이 2가지 상상력은 어느 쪽이 더 낫다고 할 수 없을 만큼 모두 효과적이다.

14. 합성적 상상력에는 조합, 결합, 응용, 확장, 재배열, 축소, 대체가 있다.

15. 당신의 제품과 서비스의 질을 향상시켜라. 사람들에게 더 나은 봉사를 하고 창조적인 정신력을 발휘하면 당신 삶의 질 또한 향상될 것이다. 이것이야말로 창조적인 일이다.

16. 위대한 일을 하기 전에 이미 자신이 위대하다는 진실을 인식해야 한다.

17. 위대함이 스스로 모습을 드러내게 하는 사람들은 더 나은 것을 만들려는 내적 욕구나 소원을 인식하는 사람이다. 그들은 더 나은 세상을 만들기를 원한다.

18. 모든 것을 더 낫게 만들고 싶은 욕구나 소원은 영에서 비롯된다.

19. 당신의 정신은 강렬한 소원을 통해 강력한 진동을 일으킬 수 있다. 소원에 생각이라는 먹이를 많이 줄수록 소원은 더욱 불

타오른다. 당신이 활활 타오르는 창조적 상상력을 발휘해 강력한 진동을 일으킬 때 전지전능한 영은 당신에게 세상이 지금껏 경험해보지 못한 가장 크고, 좋고, 아름답고, 효과적인 비전을 제시한다.

20. 창조물은 창조주를 드러낸다. 디자인이 디자이너를 드러내는 것과 마찬가지다. 당신은 신의 가장 위대한 창조물이다.

21. 모든 창조적인 사람은 생산적이고 똑똑하다. 반면에 똑똑하다고 해서 다 창조적이고 생산적이지는 않다.

22. 당신의 마음에 의심과 두려움의 스위치는 끄고 소원과 희망의 스위치는 켜는 기적 같은 능력이 있음을 인식하라. 소원에 먹이를 주라. 그토록 바라던 모습이 된 자기 자신을 시각화하라. 그런 존재를 즐겨라.

23. 영이 당신을 통해 빛나게 하라. 당신의 탁월함을 영에 맡겨라. 의심하지 마라. 그저 소원에 먹이를 주라. 나머지는 다 저절로 이루어진다. 당신은 스타기 때문이다.

CHAPTER 12

소통

가슴과 가슴으로 소통하라

새로운 패러다임 만들기:
이기적인 삶에서 봉사하는 삶으로

◇◇◇◇◇

효과적인 소통communication은 성공적인 삶을 누리는 데 필수다. 혼자서는 오랫동안 역동적인 방식으로 활동할 수 없다. 다른 사람이 필요하다.

소통이라는 주제는 매우 광범위한 스펙트럼을 지닌다. 그래서 소통을 주제로 이야기할 때 수천 가지의 다양한 방향에 초점을 맞출 수 있다. 하지만 여기서 나는 사람들 대부분이 이해하지 못하고 간과해온 아주 제한된, 하지만 매우 중요한 개념에 초점을 맞추려 한다.

우리 대부분은 매우 이기적으로 살도록 길들여
졌다. 이를 뒤집고 새로운 패러다임을 만들어야 한
다. 승리를 본성의 한 축으로 만들려면 다른 사람을
돕는 일을 자연스러운 일로 만들어야 한다.

어떤 언어를 유창하게 말하려면 그 언어로 생각
해야 한다. 2가지 언어를 유창하게 구사하는 사람은
두 언어로 생각한다. 한 언어를 듣고 머릿속에서 다
른 언어로 번역하지 않는다. 마찬가지로 승자는 다른
사람을 돕는 일을 자연스럽게 생각한다.

우리는 그림이나 이미지로 생각한다. 그러므로
이번 장에서는 이미지를, 즉 당신이 다른 사람들을
돕고자 하는 이미지를 그들에게 더 효과적으로 전달
하는 법을 알아볼 것이다.

위대한 동기부여가 나폴레온 힐은 말했다.

**나는 다른 사람이 나에게 봉사하도록 유도할 것이
다. 내게 남을 위해 봉사하고자 하는 의지가 있기 때
문이다.**

이를 두고 어떤 사람은 너무 옛날식 생각이라고

승자는
다른 사람을 돕는 일을
자연스럽게 생각한다.

말할 것이다. 맞다. 힐이 이야기한 개념은 우리 중 누구보다 훨씬 더 오래전부터 존재했다. 이 개념은 아주 오래전부터 여기에 있었다. 마치 〈사랑은 별보다 먼저 여기에 있었다Love was here before the stars〉라는 유명한 노래 제목처럼. 당연히 그랬다. 힐의 말 이면에 있는 법칙 역시 별보다 먼저 여기에 있었다.

이 법칙이 바로 인과 법칙(심고 거두는 법칙, 작용과 반작용 법칙)이다. 이 아름다운 진리를 기억하라. 돈은 우리가 제공하는 서비스에 대해 받는 보상이다. 우리가 인생에서 받는 모든 것은 우리가 하는 봉사에 대한 보상이다.

더 나은 봉사를 제공하면 우리가 받는 보상의 질과 양을 향상시킬 수 있다. 이 개념을 머릿속에 생생히 살아 있게 하라. 잠재의식에 깊이 새겨넣어라. 그러면 당신은 남을 도우면서 어떻게 보답을 받을지 전혀 신경 쓰지 않게 된다. 그리고 저절로 다른 사람을 돕게 된다. 누구나 보람을 느끼는 베풂이라는 활동에 사로잡히게 된다.

당신은 당신과 우주의 관계를 이해하기 위해 많은 시간을 할애하는가? 당신이 대다수 사람들과 비슷하다면 그러지 않을 것이다. 아마 당신은 무슨 일을 하든 자기 일을 하느라 바쁘게 지낼 것이다.

내가 선택한 일의 특성상 나는 나와 우주의 관계를 날마다 자주 생각한다. 실제로 나의 하루는 이 생각으로 가득 차 있다. 나와 우주의 관계에 대한 진실은 하루하루 지날수록 명확해지며 점점 흥미로워진다. 이 진실을 알게 되면 당신도 흥미를 느낄 것이다.

설령 지금은 그렇지 않더라도 당신과 우주의 관계에 많은 시간과 에너지를 투자해 연구하라. 그러면 장담하는데 당신은 내가 알게 된 진리를 발견할 것이다. 내가 앞으로 당신에게 알려줄 소통의 개념을 통해 유익을 얻으려면 이 당신과 우주의 관계를 잘 이해해야 한다.

모든 것은 진동하는 에너지다

◇◇◇◇◇

영감을 주는 다음 노랫말을 생각해보기 바란다.

"이제 조용히 하고 들어봐. 내 사랑. 당신 마음

에 울려 퍼지는 소리를 느껴봐. 창조주의 목소리가 우리에게 말하고 있어. 공기는 땅과 똑같은 물질로 만들어졌다고."

"이제 조용히 하고 들어봐. 내 사랑." 조용히 하려면 몸과 마음의 긴장을 풀어야 한다. 신체 감각의 스위치를 꺼라. 그리고 내면의 감정에 가닿아라.

"당신 마음에 울려 퍼지는 소리를 느껴봐. 창조주의 목소리가 우리에게 말하고 있어." 이 아름다운 진실에 최대한 귀를 기울여라. 신의 소리는 진동의 법칙으로 울려 퍼진다. 이 진동을 우리의 의식으로 느끼는 것이 바로 감정이다. 모든 감각을 닫고 외부 방해 요소를 모두 차단한 상태에서 조용히 있으면 소리를 느낄 수 있다.

"공기는 땅과 똑같은 물질로 만들어졌다." 공기는 에너지다. 지구도 에너지다. 모든 것은 진동하는 에너지다. 생각도 에너지다. 사실 생각은 가장 강력한 형태의 에너지 중 하나다. 생각은 가장 높은 주파수 대역에 속한다.

인류 역사 전반에서 신학은 모든 것이 하나의 힘의 표현이라는 점을 계속 설파해왔다. 공기는 땅과 똑같은 물질로 만들어졌다. 당신도 그렇다. 최근에 과학은 모든 것이 하나의 힘의 표현임을 입증했다. 과학과 신학 모두 온 우주는 정확한 법칙에 따라 작동한다고 거듭 말해왔다. 이 법칙 중 한 가지가 진동의 법칙이다.

진동의 법칙은 정신과 물질의 차이를 설명한다. 진동의 법칙으로 우리는 공기와 땅의 차이를, 물리적 세계와 비물리적 세계의 차이를 말할 수 있다. 진동의 법칙에 따라 모든 것은 진동하거나 움직인다. 가만히 있는 것은 아무것도 없다. 모든 것은 활동하고 있으며 끊임없는 움직임 상태에 있다. 비활성 상태나 정지 상태 같은 건 없다. 공기처럼 가장 가벼운 것에서부터 가장 거대한 형태의 물질까지 전부 끊임없는 진동 상태에 있다. 가장 약한 진동에서 가장 강력한 진동으로 이동할 때 우리는 전자에서부터 우주에 이르기까지 서로에게 개입하는 수억만 가지 수준의 진동이 있음을 발견한다. 모든 사물은 진동하며 움직인다.

에너지는 매우 다양한 수준의 진동으로 나타난다. 진동의 다양한 수준을 '주파수'라고 한다. 주파수가 높을수록 힘이 더 강력하다. 생각은 가장 센 형태

397

의 진동에 속하므로 당연히 매우 강력하다. 따라서 우리 모두는 생각이 얼마나 강력한 힘을 지녔는지 이해해야 한다.

진동의 법칙은 상황에 따라 매우 다양한 방식으로 설명할 수 있다. 이번 장에서는 생각에 초점을 맞추어 진동의 법칙을 설명하려 한다.

슈퍼소통자가 되는 법

◇◇◇◇◇

진동의 법칙은 잠시 제쳐두고 당신과 당신의 세계에 의식적으로 주의를 집중해보자. 나는 당신이 인생에서 엄청나게 좋은 결과를 얻기를 바란다는 전제로 글을 쓰고 있다. 결과를 개선하려면 자기 자신을 발전시켜야 한다. 그리고 발전하려면 더 효과적으로 소통해야 한다.

당신은 동시에 서로 다른 3가지 차원으로 살아간다. 당신은 물리적인 신체를 지녔고, 지능을 갖추었다. 그리고 당신은 영의 완벽한 표현이다. 따라서 이 3가지 차원과 동시에 소통해야 한다. 우리 모습은 거대한 빙산과 비슷하다. 바다 위로 보이는 부분보다 안 보이는 부분이 훨씬 크다. 3가지 차원과 하는 소통 대부분이 바다 아래 보이지 않는 빙산처럼 우리 눈에 보이지 않는다. 이 소통은 비물리적, 비지적 수준에서 이루어진다. 여기에서 진동이 생긴다.

슈퍼소통자supercommunicator는 이 3가지 차원과 효과적으로 메시지를 주고받는 법을 이해한다. 그들은 언제나 진동의 법칙에 협력한다. 그들은 우주 만물이 진동으로 연결된다는 진실을 명확하게 이해하고 있다. 진동으로 연결된 만물 사이에 유일한 차이는 진동의 강도와 진폭이다. 진동은 마음과 물질의 차이를 설명한다.

진동의 다양한 강도와 진폭을 '주파수'라고 한다. 세상에는 수백만 종류의 주파수가 있으며 각 주파수는 위아래로 움직이며 연결되어 있다. 주파수에는 경계선이 없다. 주파수는 무지개색처럼 하나로 나타난다. 그래서 어디가 시작이고 어디가 끝인지 알 수 없다. 주파수가 하나로 존재하기 때문이다.

이제 이런 생각을 해보자. 당신 뇌의 모든 세포

우주 만물은
진동으로 연결된다.

는 특정한 주파수에 따라 움직인다. 모든 사람이 마찬가지다. 당신의 경이로운 마음속에는 정신 다이얼이 있어 다른 사람의 주파수에 당신의 주파수를 맞출 수 있다. 다른 사람들도 똑같이 이런 능력을 지녔음을 기억하자. 나는 사람들이 하는 말에는 감정이 좌우되지 않는다. 나는 내가 받는 진동에 훨씬 더 끌린다.

당신이 인식을 키우면 더 높은 차원의 소통을 시작하게 될 것이다. 이런 소통은 훨씬 더 효과적이고 거의 정확하며 신뢰할 수 있다. 높은 차원의 소통을 하면 날마다 주변에서 피어나는 수만 가지의 메시지를 예리하게 인식하게 된다. 아마 과거에는 이런 메시지를 놓쳤을 것이다. 또 당신은 다른 사람에게 도움을 주는 이미지, 그들이 자신에 대해 좋은 기분을 느낄 수 있게 하는 이미지를 더욱 효과적으로 전달하게 될 것이다. 그러면 체스터필드 경Lord Chesterfield이 자기 아들에게 한 탁월한 조언을 경험하게 될 것이다.

아들아, 사람들이 자기 자신을 좀 더 좋아하게 만들어라. 그러면 장담하는데 그들은 너를 매우 좋아할 것이다.

이것이 바로 효과적인 소통을 시작하는 지점이다. 《웹스터 사전》에서 효과적인 소통에 대해 어떻게 설명하는지 보라. '효과적인'은 '바람직한 결과를 만드는 상태에 있는, 효율적이고 강력한'이라고 설명한다. 그리고 '소통'은 '한 곳에서 다른 곳으로 정보를 전달하는 수단, 연결 통로'라고 정의한다.

따라서 당신의 마음과 다른 사람이나 집단 구성원의 마음 사이에 연결 통로를 만든다면 당신의 마음에서 다른 사람의 마음으로, 또한 다른 사람의 마음에서 당신의 마음으로 더 효율적이고 강력한 방식으로 이미지를 주고받을 수 있다.

우리는 이미지로 동기부여를 받는다. 마음에 아름다운 그림이 떠오르면 얼굴에 미소가 번지지 않는가. 그러면서 기분이 좋아지고 더 나은 행동을 하게 된다.

긍정적인 이미지가
건강한 진동을 일으킨다

◇◇◇◇◇

인간은 진동에 대한 인식을 표현하려고 '감정'이라
는 단어를 만들었다. 좋은 감정은 긍정적인 진동이고
나쁜 감정은 부정적인 진동이다. 마음에 긍정적인 이
미지가 떠오르면 몸은 건강한 진동을 일으킨다. 우리
몸은 빠른 속도로 진동하는 에너지 덩어리라는 점을
기억하라. 우리의 생각이 새로운 진동을 만들어낸다.

이제 내 제안대로 해보라. 대형 호텔의 연회장
에 있는 자신의 모습을 상상하라. 연회장 앞에는 몹
시 큰 흰색 스크린이 있다. 이제 당신이 이 스크린에
영화나 슬라이드 쇼를 상영하려고 한다. 연회장 안은
사람들로 가득하다. 700~800명이 자리에 앉아 서로
담소를 나누고 있다.

연회장 뒤편 위쪽 영사실에는 슬라이드로 채워
진 35밀리미터 필름 영사기가 있고, 슬라이드에는 세
상의 경이로움이 담겨 있다. 연회장 조명이 어두워지
기 시작한다. 이야기 소리가 줄어든다. 그리고 조엘

골드스미스Joel Goldsmith의 말처럼 "천둥 같은 침묵이 연회장을 채운다."

당신 손에는 영사기를 작동시킬 리모컨이 들려 있다. 당신은 엄지손가락으로 버튼을 누른다. 즉시 당신 눈에는 보이지 않는 명령이 소리 없이 영사기로 전달된다. 그러자 다음에는? 빙고! 슬라이드에 빛이 투사되면서 연회장 앞쪽 대형 스크린에서 슬라이드 쇼가 시작된다. 연회장에 앉아 있는 700~800명의 사람들 모두가 아름다운 타지마할의 컬러 사진을 보고 있다. 당신은 엄지손가락으로 다시 버튼을 누른다. 이제 사람들은 나이아가라 폭포에서 쏟아지는 수백만 톤의 물을 보고 있다. 나이아가라 폭포의 역동적인 사진이 어둠 속에서 스크린을 가득 채운다.

친구여, 연회장은 없다. 영사기도 없고 사람들도 없으며 타지마할이나 나이아가라 폭포 슬라이드도 없다. 내가 적은 단어들만 있을 뿐이다. 이 단어들은 이 책에서 당신의 뇌로 전달되는 진동이고 메시지다. 이 진동이나 메시지가 당신의 시각이라는 감각에 전해진다. 진동이나 메시지는 상상할 수 없는 속도로 당신 몸의 신경 통로를 지나 뇌세포를 자극한다. 뇌세포들은 아무것도 가만히 있지 않는다는 진동의 법칙에 따라 이미 진동하고 있다. 특정 부위의 뇌세포들이 당신이 읽은 것에 자극받으면 각 세포들은 즉각 진동의 진폭을 크게 키운다. 그리고 뇌세포에 있던 이미지는 마음의 스크린으로 날아간다. 타지마할과 나이아가라 폭포의 이미지는 당신의 뇌세포에서 조용히 쉬고 있었다. 그런데 내가 쓴 단어들이 이 이미지들을 활성화했다. 연회장, 영사기, 700~800명의 사람들 이미지는 모두 당신 뇌세포에 이미 있었다. 당신이 엄지손가락으로 누른 버튼의 이미지도 당신 뇌에 있었다.

당신 뇌에 얼마나 많은 이미지가 숨어 있는지 아는가? 너무 많아 당신이 셀 수나 있을지 모르겠다. 행복한 이미지, 슬픈 이미지, 우울한 이미지, 신나는 이미지, 행동을 부추기는 이미지, 행동을 늦추는 이미지, 황홀감을 주는 이미지가 우리 뇌에 저장되어 있다. 당신이 사용하는 단어, 당신이 만나는 사람들에게 하려고 선택한 단어는 그들의 경이로운 마음의 스크린으로 날아가 펼쳐질 이미지를 결정한다. 그리고 이 이미지가 그들의 진동을 결정한다.

앞서 나는 우리가 다양한 차원으로 살아가고 있다고 말했다. 지능을 지닌 존재로 사는 우리는 말과 몸짓, 글로 소통한다.

이제 내가 하려는 것에 주목해주기 바란다. 나는 말을 사용해 당신이 마음의 눈으로 볼 이미지가 떠오르도록 해보겠다. 이 이미지는 당신에게 몸짓으로 소통하는 법을 보여줄 것이다. 한쪽 무릎을 꿇고 앉아 양팔을 벌리고 있는 할머니를 상상해보라. 그리고 2살 된 작은 아기가 할머니를 향해 달려간다. 할머니와 아기는 모두 환하게 웃고 있다. 할머니의 양팔은 작은 아기를 꼭 끌어안으려고 기다리고 있다. 크게 벌린 양팔은 사랑의 몸짓이다. 그 몸짓은 "어서 오렴. 환영한단다. 나는 너를 꼭 끌어안고 싶어"라고 말하고 있다. 이때 실제 말은 필요하지 않다. 아기는 양팔의 메시지를 이해할 것이다.

지능을 지닌 존재로서 우리는 또한 글로 소통한다. 책은 글로 그린 그림이다. 훌륭한 작가는 자신의 마음에 영화 한 편을 만들어 자신이 마음으로 본 화면이 독자의 마음에 똑같이 나타나기를 바라며 단어를 선택한다.

어떤 책을 읽고 나서 그 책으로 각본을 만든 영화를 보러 간 적이 있을 것이다. 영화를 보고 실망하지 않았는가? 아마 그랬을 것이다. 당신은 왜 실망했을까? 책을 읽으며 당신 마음에 만든 영화가 극장에서 본 영화보다 훨씬 더 훌륭했기 때문이다. 당신의 상상력에는 영화감독이 직면하는 제약이나 한계가 전혀 없다. 기억하라. 당신의 상상력에는 한계가 없다. 그래서 알베르트 아인슈타인은 이렇게 말했다.

상상력이 지식보다 더 중요하다.

상상력의 도움을 받으면 다음에 만나는 사람과 훨씬 더 효과적으로 소통하는 자신의 모습을 시각화해서 보고 들을 수 있다. 지금 당장 혼자서 해볼 수 있다. 당신이 주의 깊게 선택한 단어를 마음으로 들을 수 있고 당신이 사용하는 몸짓을 마음으로 볼 수 있다. 효과적인 소통은 매우 큰 유익을 가져다준다. 그러니 많은 연습과 노력을 할 가치가 있다.

우리는
가슴과 가슴으로 소통한다

◇◇◇◇

이제 다시 한번 기억해보자. 지능을 지닌 존재인 우리는 말과 몸짓, 글로 소통한다. 우리는 뇌에 지능이 머문다고 믿는다. 당신의 말과 몸짓, 글이 다른 사람의 뇌에 메시지나 진동을 전달한다고 생각해보라. 이 진동은 다른 사람의 마음에 존재하는 이미지를 활성화할 것이다. 그러므로 당신은 다른 사람의 마음에 긍정적인 이미지가 떠오르게 만드는 말, 몸짓, 글로 소통해야 한다.

그래서 세일즈맨은 물건이 아니라 혜택을 팔라고 배운다. 그들은 스테이크가 아니라 지글거리는 소리를 판다. 엘머 휠러Elmer Wheeler는 말했다.

사람들은 0.5센티미터 드릴을 원해서 그 드릴을 사는 것이 아니다. 0.5센티미터 구멍을 원하기 때문에 0.5센티미터 드릴을 산다.

기억하라. 중요한 것은 혜택이다, 혜택. 혜택을 잊지 마라. 다른 사람을 기쁘게 만들어라. 당신의 마음에 다른 사람이 더 나은 삶을 즐기는 그림을 그려라. 그 이미지를 그 사람에게 전달하라. 그러면 우주는 모든 긍정의 입자를 당신에게 되돌려보낼 것이다.

바로 이 장면에서 진동의 법칙이 다시 등장한다. 진동의 법칙을 공부하면 우리는 다른 사람을 가슴 heart으로 보게 된다. 일찍이 그리스인은 감정적 마음이자 보편적 잠재의식을 가슴이라고 불렀다. 가슴은 당신과 나를 모든 사람과 모든 사물로 연결하는 마음의 한 부분이다. 우리는 흔히 감정으로 알려진 진동을 통해 가슴과 가슴으로 소통한다.

이는 오래전 나의 멘토인 밸 밴 드 월이 내게 알려준 진리다. 이 진리는 내가 배운 가장 강력한 진리에 속한다. 말에는 잡음이 섞이기 마련이다. 하지만 진동은 절대 거짓말하지 않는다.

감정은 명치에 자리 잡고 있는 듯하다. 그곳이 진동이 느껴지는 지점이다. 사람들은 흔히 명치에서 느껴지는 진동을 직감이라고 말한다. 끔찍한 장면을 보면 흔히 사람들은 속이 메스껍다고 말한다. 혹시 다른 사람을 기쁘게 만들어라.
그러면 우주는
모든 긍정의 입자를 당신에게
되돌려보낼 것이다.

사랑에 빠지면 당신은 그 황홀한 감정을 어디에서 느끼는가?

사랑하는 사람에게 뭔가 문제가 생기면 당신은 바로 직감하지 않는가? 그리고 이렇게 물어본다. "무슨 안 좋은 일 있어?" 그러면 연인은 이렇게 말한다. "아무것도 아니야." 하지만 당신은 그 말이 솔직한 말이 아니라는 걸 안다. 뭔가 문제가 있다. 당신은 느낌으로 그것을 안다. 당신의 귀는 "아무것도 아니야"라는 말을 듣지만, 가슴에서 가슴으로 상대가 내보내는 진동을 당신은 알아차린다. 진동은 절대 거짓말하지 않는다.

지능을 사용해 뭔가를 말하더라도 감정은 정반대 말을 한다. 정신과 의사들은 이런 현상을 "이중 구속 메시지double-binding message"라고 부른다. 이중 구속 메시지는 절대 원하는 결과를 만들어내지 못한다.

효과적인 소통을 하려면 당신은 진심을 담아 말해야 하고 정확한 의미를 말해야 한다. 어떤 말을 하면서 생각이나 감정이 정반대로 향하는 일은 쉽게 나타나는 현상이다. 당신이 누군가의 마음에 긍정적인 이미지를 활성화하려는 말을 하지만 당신의 진동은 부정적인 이미지를 활성화할 수 있음을 알아야 한다. 이런 일이 생기면 상대방의 마음은 혼란스러워지고 지적인 활동이 멈추고 만다. 그리고 아마 그들은 그 이유를 알지조차 못할 것이다.

잠재 고객에게 입으로는 도움을 주고 싶다고 말하면서 속으로는 판매 수수료만 생각하는 수많은 세일즈맨을 생각해보라. 이런 세일즈맨의 수입은 위험 지대에 있다. 반면에 자기 일을 정말 사랑하는 세일즈맨의 수입은 수십, 수백만 달러에 달한다. 일에 대한 사랑은 만나는 모든 사람에게 전달된다. 그들은 자신이 제공하는 제품이나 서비스로 고객이 혜택을 얻도록 돕는 일을 사랑한다.

탁월한 연예인을 생각해보자. 그들은 자신의 진가를 알아보는 대중과 자기 재능을 함께 나누는 일을 정말 사랑한다. 그들은 대중에게 자기 재능을 열정적으로 보여주고, 대중은 자신들이 원하는 것을 얻는다. 긍정적인 에너지는 활발히 옮겨 다니며 언제나 확장한다. 이것이 시너지 효과다. 시너지 효과는 강렬한 에너지다. 프로 연예인이 사용하는 이 법칙이 당신과 내게도 똑같이 적용된다.

우리는 소통할 때 상대방이 원하는 것을 알아내어 그것을 주어야 한다. 당신은 진심을 담아 말해야 하고 정확한 의미를 말해야 한다. 당신의 생각, 말, 몸짓, 감정이 다른 사람과 조화를 이룰 때 시너지 효과가 발생한다.

기억하라. 온 우주는 연결되어 있다. 우리는 모두 한 가족이다.

1. 효과적인 소통은 진정으로 성공한 삶을 누리는 데 필수다.

2. 혼자서는 오랫동안 역동적인 방식으로 활동할 수 없다. 다른 사람이 필요하다.

3. 승리를 본성의 한 축으로 만들려면 다른 사람을 돕는 일을 자연스러운 일로 만들어야 한다.

4. 당신이 다른 사람에게 봉사할 의지가 있다면 다른 사람도 당신에게 봉사하도록 유도해야 한다. 당신이 살면서 받는 모든 것은 다른 사람에게 제공하는 봉사에 대한 보상이다. 더 나은 봉사를 제공하면 보상의 질과 양을 향상시킬 수 있다.

5. 우주에 존재하는 모든 것은 서로 연결되어 있다. 모든 것은 진동하는 에너지다. 생각도 에너지다. 생각하라. 나도 생각한다. 그러면 우리는 연결된다.

6. 진동을 인식하는 것, 이것을 감정이라 한다. 인식과 지능을 활용해 당신은 마음에 그림을 그린다. 이 이미지를 말과 몸짓, 글로 다른 사람에게 전달한다.

7. 좋은 감정은 긍정적인 진동이고 나쁜 감정은 부정적인 진동이다. 마음에 긍정적인 이미지가 떠오르면 몸은 건강한 진동을 일으킨다.

8. '가슴'은 일찍이 그리스인이 잠재의식을 설명하기 위해 사용한 단어다. 잠재의식 차원에서 당신은 진동을 통해 가슴과 가슴으로 소통할 수 있다. 당신의 감정은 진동을 통해 다른 사람에게 전해진다.

9. 공기는 땅과 똑같은 물질로 만들어졌다. 모든 것은 다양한 진동 상태로 존재하는 에너지다. 진동의 다양한 수준을 주파수라고 한다.

10. 과학과 신학은 우주의 모든 것은 하나의 힘의 표현이라는 데 동의한다. 이 힘은 흔히 '법칙'으로 더 많이 알려진 질서 있는 방식으로 작용한다. 진동은 정확한 자연법칙 중 하나다.

11. 다른 사람을 기쁘게 만들어라. 당신의 마음에 다른 사람이 더 나은 삶을 즐기는 그림을 그려라. 그 이미지를 그 사람에게 전달하라. 그러면 우주는 모든 긍정의 입자를 당신에게 되돌려 보낼 것이다.

12. 당신은 진심을 담아 말해야 하고 정확한 의미를 말해야 한다.

13. 어떤 말을 하면서 감정은 정반대로 향할 수 있다. 이런 경우 상대방에게 2가지의 메시지를 모두 보내는 것이다. 이런 정신 작용은 당신과 상대방의 마음에 혼란을 일으킨다. 이런 메

시지를 '이중 구속 메시지'라고 하며 이는 절대 원하는 결과를 만들어내지 못한다.

14. 2명 이상의 사람이 생각의 주파수가 같을 때 시너지 효과가 생긴다. 시너지 효과는 강렬한 에너지다.

15. 우리는 소통할 때 상대방이 원하는 것을 알아내어 그것을 주어야 한다.

16. 이 아름다운 진리를 잊지 말자. 온 우주는 연결되어 있다. 우리는 모두 한 가족이다.